HENRI LABROUE

PROFESSEUR AGRÉGÉ D'HISTOIRE AU LYCÉE DE BORDEAUX

Les Membres

DE LA

Société populaire de Bergerac

Pendant la Révolution

PARIS

LIBRAIRIE FÉLIX ALCAN

108, BOULEVARD SAINT-GERMAIN, 108

HENRI LABROUE

PROFESSEUR AGRÉGÉ D'HISTOIRE AU LYCÉE DE BORDEAUX

Les Membres

DE LA

Société populaire de Bergerac

Pendant la Révolution

PARIS

LIBRAIRIE FÉLIX ALCAN

108, BOULEVARD SAINT-GERMAIN, 108

—

1913

LES
Membres de la Société populaire de Bergerac
PENDANT LA RÉVOLUTION

La liste que nous publions ci-après est établie d'après les procès-verbaux des séances et adresses de la Société (1), ainsi que d'après d'autres documents indiqués au cours de ce travail. C'est le recensement, non point du personnel de la Société à une époque donnée, mais de tous ceux et de toutes celles qui, à un moment quelconque, firent partie de ce club (de 1790 à 1795). Les variations d'orthographe d'un même nom et l'insuffisance de renseignements sur tel ou tel membre rendent douteuse l'identification de plusieurs clubistes. A quelques unités près, nous pouvons dire que la Société populaire de Bergerac compta, au minimum, 901 membres. Voici leurs noms.

ALARD. Mentionné (2) le 26 mars 1793. Peut-être est-ce le Pierre Alard qui signe une pétition de la Société, le 5 nivôse an III.

ALARD fils. Présenté par son père le 5, admis le 20 mai 1793.

ALBERT, officier de santé. Mentionné le 31 octobre 1793 ; franc-maçon (3).

AGOUT (D') ou DAGOUT (Ramond) neveu. Admis le 6 janvier 1791. Sans doute parent de Charles d'Agout, perruquier, notable en 1790. Un Raymond Dagout, de Bergerac, fut volon-

---

(1) Nous publions ces procès-verbaux et adresses dans notre ouvrage sur *la Société populaire de Bergerac pendant la Révolution*. Trois registres de procès-verbaux se trouvent aux *Arch. mun.* de Bergerac, et les adresses, aux *Arch. nat.*, surtout dans la série C. Pour préciser les noms et professions d'un certain nombre de clubistes, nous avons surtout utilisé une « liste des personnes domiciliées à Bergerac, qui ont fourni leur déclaration pour la contribution patriotique » (*Arch. mun. Bergerac*, G 2, un cahier ; dressée à la fin de 1789); une « liste de 1.179 personnes domiciliées dans la ville de Bergerac » (*Ibid.*, un cahier ; datée du 6 avril 1790), et des factures de fournisseurs datant de l'époque révolutionnaire, empruntées aux archives privées de M. Bost, propriétaire aux Meynards, par La Force.

(2) Nous indiquons la date à laquelle nous rencontrons pour la première fois, sur les procès-verbaux de séances ou autres papiers relatifs à la Société, le clubiste mentionné comme membre de la Société.

(3) Dans notre *Société populaire de Bergerac pendant la Révolution* sont précisées les origines maçonniques et mesmériennes de la Société populaire.

taire (De Cardenal, *Recrutement de l'armée en Périgord pendant la Révolution*, p. 462).

ALBRE fils aîné. Signe une adresse de la Société, le 26 juillet 1791.

ALBRE jeune, vitrier. Admis le 4 mai 1793.

ALEXIS, maréchal. Signalé, le 5 thermidor an II, comme appartenant déjà à la Société.

ANDRÉ. Mentionné le 8 mars 1791 ; signe une adresse de la Société, le 26 juillet 1791.

ANDRÉ. Prête serment le 17 décembre 1791.

ANDRÉ (du quartier Bourbarraud). Admis le 16 décembre 1793.

ARCHER (Louis). Admis le 18 juin 1791.

ARFEL. Mentionné le 27 juillet 1791 ; rayé le 19 janvier 1792. François Arfel était chaudronnier (*Arch. mun. Bergerac*, G 2, liste des Bergeracois en 1790).

ARMAND. Mentionné le 25 mai 1791.

ARNOUL SAINT-JULIEN. Admis le 14 mai 1791.

AUBAND (?). Signe une adresse de la Société, le 22 juin 1792.

AUBISSE. Présenté le 10 décembre 1793.

AUBIT-LAMOTHE, serrurier. Accepté par le Comité de présentation, le 10 brumaire, an III.

AUCHIER. Admis le 16 janvier 1791.

AUDIBERT (Jean). Prête serment le 5 décembre 1793.

AVOUSTIN (André). Accepté par le Comité de présentation, le 5 thermidor an II.

AYMERI aîné. Mentionné le 9 mai 1791. Sans doute parent de J. Eymery, notable en 1790.

BACALAN père. Admis le 9 juillet 1791. Bacalan fils, présenté le 4, fut ajourné le 9 juillet 1791.

BAILHOT, Américain. Admis le 14 mai 1791. Peut-être est-ce le même que Bailhot, négociant, présenté le 21, ajourné le 24 février 1791. Un Claude Bailhot, épicier, fut notable (*Arch. mun. Bergerac*, boîte R, liasse 10, sa réponse, du 14 brumaire an III, au questionnaire de Pellissier).

BAILLET jeune, horloger. Présenté le 7 mars 1791. Peut-être parent de Baillet-Labrousse, présenté le 25 février, ajourné le 3 mars 1791.

BAILLI jeune. Accepté le 4 août 1791.

BAILLI (Alexis), frère d'Auguste. Présenté le 23 octobre 1793.

BAILLI (Auguste), frère d'Alexis. Présenté le 23 octobre 1793.

BAILLY aîné. Mentionné le 15 mai 1790.

BAILLY cadet. Mentionné le 15 mai 1790.

BAILLY cadet, horloger. Admis le 7 février 1791. Un Jean-Baptiste Bailly, horloger à Bergerac, volontaire, devint sous-lieutenant (De Cardenal, *o. c*, p. 518).

BAPTISTE. Mentionné le 15 juin 1793.

BARGEAS, imprimeur. Admis le 22 février 1791.

BARON. Mentionné le 9 décembre 1793. Elie Travert, dit Baron, était tonnelier (*Arch. mun Bergerac*, G 2, liste des Bergeracois en 1790).

BARRIÈRE. Présenté le 6 février 1792. Jacques Barrière signe une adresse de la Société, envoyée peu après le 13 frimaire an II.

BARTHÉLEMY. Signe une adresse de la Société, du 22 juin 1792.

BASSAC (Jean), dit Beauregard. Admis le 3 juillet 1791. Un Beauregard était maçon (*Ibid.*, G 2, liste des Bergeracois en 1790).

BASSUET. Mentionné le 31 mai 1791.

BAUCHÉ. Signe une adresse de la Société, du 5 nivôse an III.

BAUDEQUIN (le Père), jacobin. Admis le 3 mars 1791.

BAUDRY. Signe une adresse de la Société, du 22 juin 1792.

BAUPOIL DE SAINT-AULAIRE (Pierre). Admis le 6 juillet 1791. Il signe ainsi une adresse de la Société du 26 juillet 1791.

BAYARD. Mentionné le 5 décembre 1791.

BAYONNET, serrurier. Admis le 10 février 1791.

BAYSSELANCE-DESCOSTES. Admis le 16 janvier 1791. Signe une adresse de la Société, du 22 juin 1792.

BEAUGÈS (Etienne). Signe une adresse de la Société, du 26 juillet 1791. Est peut-être le même que Beaugès, dit Tiénot, mentionné le 28 octobre 1793.

BEAUPUY, patron. Mentionné le 16 décembre 1790. Un Charles Beaupuy était mesmérien.

BEAUREGARD. Voir BASSAC.

BEAUVALON. Admis le 4 janvier 1791. Il s'agit sans doute du capitaine d'infanterie, franc-maçon sous l'Empire.

BÉCHADERGUE. Mentionné le 18 février 1790.

BÉCHADERGUE. Prête serment le 3 août 1791. Deux Béchadergue signent une adresse de la Société, du 5 nivôse an III. Antoine Béchadergue était cordonnier (*Arch. mun. Bergerac*, G 2, reg. contributions patriotiques).

BÉCHARD fils. Admis le 15 juin 1791.

BEDEL, neveu de Noël. Admis le 14 décembre 1791. Un François Bedel fut volontaire au 2e bataillon (De Cardenal, *o. c.*, p. 456).

BEDÈNE (veuve). Présentée le 13 juin 1793. Un Bedène était serrurier (*Arch. mun. Bergerac*, G 2, liste des Bergeracois en 1790).

BÉGAUD. Signe une adresse de la Société, du 22 juin 1792.

BÉLAYMET. Mentionné le 10 septembre 1791.

BELLEGARDE. Mentionné le 30 décembre 1790. Un Bellegarde était marchand (*Ibid.*, G 2, liste des Bergeracois en 1790).

BELLEVUE-DOAT. Admis le 28 janvier 1791. Un Bellevue-Doat était mesmérien. Voir DOAT.

BELLEVUE-DOAT fils. Admis le 8 mars 1791.

BELIN (Baptiste). Signe une adresse de la Société, du 29 septembre 1792. Il s'agit sans doute du Belin encadreur, mentionné le 26 novembre 1793.

BELLY (Barthélemy). Admis le 2 juillet 1791.

BELEY (Mathieu). Admis le 18 juin 1791.

BERBESSON-LAROLPHIE. Présenté le 2 nivôse an II. Il s'agit sans doute de l'avocat, membre du bureau de paix (*Arch. mun. Bergerac, reg. délib. mun.*, 23 nov. 1790), dont le fils était probablement J.-J Berbesson, né le 9 mars 1784, franc-maçon sous l'Empire, électeur à 200 francs sous Louis-Philippe (*Arch. Dejean*).

BERBINAUD (Pierre). Admis le 17 juin 1791. Marchand. Elu notable le 18 novembre 1790 (*Arch. mun. Bergerac, reg. délib. mun.*, à cette date).

BERGEGÈRE. Mentionné le 4 juillet 1791.

BERGEGÈRE fils, volontaire au 3° bataillon de la Dordogne. Mentionné le 7 mars 1793.

BERNARD oncle. Mentionné le 15 mai 1790.

BERNARD neveu. Admis le 8 mars 1791. Deux Bernard signent une adresse de la Société, du 25 juillet 1791.

BERNARD gendre. Mentionné le 21 novembre 1793.

BERNARDONÈTE. Mentionné le 31 octobre 1793.

BERNIÈRE. Admis le 13 octobre 1793.

BERNIS (B^d.). Mentionné le 15 mai 1790. Il était marchand (*Arch. mun. Bergerac*, G 2, reg. contributions patriotiques).

BERNIS (R.). Mentionné le 18 février 1791 (*Arch. mun. Bergerac, Reg. délib. mun.*, 27 nov. 1791) ; officier municipal en l'an III, il avait 35 ans (*Ibid.*, boîte R, liasse 10, tableau du 18 germinal an III).

BERRUT. Administrateur de la manufacture d'armes. Accepté, le 23 messidor an II, par le Comité de présentation. Sur Berrut, voir notre *Lakanal*, p. 225.

BERTIER aîné. Admis le 22 janvier 1791.

BERTIN, vitrier. Admis le 12 décembre 1793.

BERTRAND. Mentionné le 20 mai 1791. Un Bertrand était maître à danser *(Ibid.*, G 2, liste des Bergeracois en 1790) ; un autre, perruquier. Le clubiste Bertrand fut sans doute volontaire (Voir la séance de la Société, du 7 mai 1793).

BESSE (Jacques). Mentionné le 11 novembre 1791. Un Besse était boucher (*Arch. mun. de Bergerac*, G 2, liste des Bergeracois en 1790).

BESSON. Mentionné le 8 octobre 1793. Son fils fut peut-être aussi membre de la Société (voir séance de la Société du 13 octobre 1793).

BESSOT (Joseph). Signe une adresse de la Société, du 18 février 1791.

BEYSSALANCE. Signe des adresses de la Société, de germinal an II, du 5 nivôse an III. Notable (*Ibid., Reg. délib. mun.*, 5 sept. 1793).

BEYSSELANCE fils. Admis le 25 janvier 1791.

BEYSSELANCE-CONTIE. Admis le 6 janvier 1791.

BEYSSELLENCE (de la Négrie). Admis le 8 février 1791.

BIAU jeune (D.). Comme il ne sait signer, on signe pour lui une adresse de la Société, du 26 juillet 1791.

BIENFAIX (de Maurens). Admis le 24 février 1791.

BIÈS père, capitaine de la garde nationale. Mentionné le 15 mai 1790. Sera secrétaire du greffier de la commune (*Arch. mun. Bergerac, Reg. délib. mun.*, 11 prairial an II).

BIRAN. Mentionné le 18 février 1791. Plusieurs Biran étaient mesmériens et étaient ou seront francs-maçons. Voir CLUZEAU-BIRAN. LALANDE-BIRAN et MONTAUT-BIRAN.

BIROL (de Bordeaux). Admis le 11 mai 1791.

BIROL (de Lalinde). Admis le 16 décembre 1793.

BIRRUE(?). Signe une adresse de la Société, de germinal an II.

BLANC, peintre. Mentionné le 4 janvier 1791. Un Blanc sera membre du Comité révolutionnaire (*Arch. mun. Bergerac*, fonds Blanc, sa lettre, écrite de Laboissière, le 17 pluviôse an II).

BLANC (Jean). Admis le 18 février 1791.

BLANC (de Bignac). Présenté le 22 décembre 1793.

BLANCHARD (Jean) ou Blanchard jeune, perruquier. Mentionné le 19 Juin 1791. Signe une adresse de la Société, du 26 juillet 1791. Est sans doute le même que Blanchard cadet, mentionné le 5 thermidor an II.

BLANCHARD aîné. Signe une adresse de la Société, du 29 septembre 1791. Lui et le précédent signent une adresse de la Société, du 5 nivôse an III. Un Blanchard était huissier (*Arch. mun. Bergerac*, G 2, liste des Bergeracois en 1790).

BLANCHET (de Ribagnac. Admis le 9 juillet 1791.

BLANCHET (du Bourg). Admis le 30 juillet 1791. Un Jean Blancher était tonnelier (*Ibid.*).

BLANDINAIRE. curé de Lamonzie. Admis le 16 mai 1791.

BLEOUD, maître en chirurgie. Admis le 16 janvier 1791. Il était mesmérien.

BOIGNARD (?). Signe une adresse de la Société, du 22 juin 1792.

BOISSE (de Bordeaux). Accepté sous réserve par le Comité de présentation, le 10 brumaire an III.

BOISSIÈRE (Jean VALLETON de), médecin. Présenté le 12, est membre le 17 octobre 1793 . Etait mesmérien et franc-maçon. Procureur de la commune depuis le 30 août 1790 (*Arch. mun Bergerac, Reg. délib. mun.*, à cette date). Agent national, il démissionnera de cette fonction, pour devenir administrateur de la manufacture d'armes (*Ibid.*, 16 frimaire an III).

BONNET (du Clauzel). Admis le 22 janvier 1791. Un Bertrand Bonnet, horloger, et un Jean Bonnet furent volontaires (De Cardenal, *o. c.*, p. 483 et 512).

BONNET (Jean), notaire. Admis le 25 janvier 1791. Officier municipal, fut élu juge de paix le 21 novembre 1790 et, félicité par la Société, vint la remercier le 3 janvier 1791. Fut juge au tribunal du district (*Arch. mun., Bergerac. Reg. délib. mun.*, 8 pluviôse an II).

BONNET (de la Force). Admis le 7 février 1791.

BONNET (Tite), faïencier. Admis le 24 février 1791.

BONNET, curé. Mentionné le 25 novembre 1791.

BONTEMPS fils. Mentionné le 25 mai 1791.

BORDE fils. Mentionné le 23 mai 1791.

BORDE père. Signe une adresse de la Société, du 22 juin 1792.

BORDÈRE. Mentionné le 18 février 1791.

BORDÈRE (Alexandre). Admis le 27 février 1791. Deux Bordère signent une adresse de la Société, du 26 juillet 1791. Un Bordère est qualifié de serrurier, le 6 octobre 1793.

BORDÈRE (Pierre), coutelier. Admis le 12 décembre 1793. Dans la séance du 26 octobre 1793, est mentionné un Bordère. sellier, qui est autre que le Bordère, coutelier. Bordère, sellier, fut notable et son prénom était Louis (*Arch mun. Bergerac*, boîte R, liasse 10, sa réponse, du 9 brumaire an III, au questionnaire de Pellissier).

BORDIER jeune, sellier. Signe une adresse de la Société, du 22 juin 1792.

BORDIER (Barthélemy). Présenté le 19 décembre 1793. Tonnelier (*Ibid.*, G 2, liste des Bergeracois en 1790)

BOREL. Signe une adresse de la Société, du 26 juillet 1791. Un Louis et un Jean Borel, de Bergerac, furent volontaires (De Cardenal, *o. c*, p. 514).

BORIE

BORIE père.

BORIE (Jean). Ces trois Borie signent une adresse de la Société, du 29 septembre 1792 L'un d'eux est sans doute Borie, Américain, mentionné le 17 octobre 1793. Un Borie cadet, cordonnier, signe une pétition de la Société, du 18 février 1791. Un Borie, gendarme, fédéré de Bergerac, assista à la journée du 10 août 1792 (*Arch. mun. Bergerac, Reg. délib. mun.*, 13 frimaire an III).

BOSSENOT cadet. Admis le 22 juin 1791.

BOUCHON (Louis), négociant. Admis le 22 juin 1791. Il était franc-maçon, mesmérien ; élu officier municipal le 17 nov. 1790 (*Arch. mun. Bergerac, Reg. délib. mun.*, à cette date), puis juge au tribunal de commerce (*Ibid.*, 8 mars 1791).

BOUDET. Mentionné le 13 janvier 1791. Boucherel, dit Boudet, était serrurier (*Ibid.*, G 2, liste des Bergeracois en 1790).

BOUÉ, Américain. Mentionné le 17 décembre 1793. Est sans doute le même que Jean Boué, qui signe une adresse de la Société, du 29 septembre 1792.

BOULÈDE (Jean). Admis le 13 juillet 1791.

BOURSON, instituteur. Mentionné le 15 mai 1790. Est notable en 1790 (*Arch. mun. Bergerac., Reg. délib. mun.*, 3 mars 1790). Son prénom était Léonard. Il se disait un des fondateurs de la Société et maître de pension à Bergerac depuis 25 ans (*Ibid.*, boîte R, liasse 10, sa réponse, du 13 brumaire an III, au questionnaire de Pellissier) ; officier municipal en l'an III. il avait 46 ans (*Ibid.*, boîte R, liasse 10, tableau du 18 germinal an III).

BOURSON fils. Admis le 16 mai 1791 Est peut-être le même que Bourson fils second, qui assista, comme fédéré de Bergerac, à la journée du 10 août 1792 (*Ibid.*, 13 frimaire an III).

BOURSOULT (?) (F.). Signe une adresse de la Société, du 22 juin 1792.

BOURTOIRE père (Elie). Présenté le 25 juin 1791.

BOUSSENOT aîné. Signe une adresse de la Société, du 22 juin

1792. Un Boussenot, de Bergerac, volontaire au 2ᵉ bataillon, mourra à Colmar en 1794 (De Cardenal, *o. c.*, p. 458).

BOUTIN. Mentionné le 23 mai 1791.

BOUTIRON fils aîné. Mentionné le 10 juin 1791.

BOUTIRON fils jeune. Signe une adresse de la Société. du 5 nivôse an III. Ces deux Boutiron signent une adresse de la Société, du 29 septembre 1792. Un Boutiron était régleur et vérificateur des poids et mesures (*Ibid.*, 28 déc. 1790). Pierre Boutiron aîné était chaudronnier (*Ibid.*, G 2, liste des Bergeracois en 1790).

BOUYSSAVY, buraliste. Mentionné le 15 mai 1790. Comme il ne sait écrire, on signe pour lui une adresse de la Société, du 26 juillet 1791.

BOUYSSAVY (Barthélemy). Mentionné le 15 mai 1790.

BOUYSSAVY (Daniel). épinglier. Mentionné le 15 mai 1790. Il signe tantôt Bouyssavi (une adresse du 14 septembre 1791). tantôt Bouyssavy (une adresse du lendemain, 15 septembre 1791). Daniel Bouyssavy fut notable (*Arch. mun Bergerac, Reg. délib. mun.*, 27 novembre 1791), officier municipal (*Ibid.*, 23 pluviôse an II), et membre du Comité révolutionnaire (*Arch. mun. Bergerac*, G 2, reg. des taxes révolutionnaires).

BOUYSSAVY fils. Admis le 25 janvier 1791.

BOUYSSAVY (du Mercadil). Présenté le 8 février 1791, sera officier municipal (*Ibid.. Reg. délib. mun.*, 25 novembre 1792). Jacques Bouyssavy (du Mercadil) était marchand d'étoffe (*Ibid.*, boîte R, liasse 10 : sa réponse, en brumaire an III, au questionnaire de Pellissier).

BOUYSSAVY, armurier. Présenté le 21, admis le 27 février 1791.

BOUYSSAVY, perruquier. Présenté le 19 décembre 1793. Un Bouyssavy fut notable (*Ibid.* 3 mars 1790). Quatre Bouyssavy (dont trois sont respectivement désignés par les prénoms de Jean, Marie et Daniel), signent une adresse à la Société (*Reg. délib. mun.* du 29 septembre 1792). Un Jean Bouissavy fut volontaire au 2ᵉ bataillon de la Dordogne (De Cardenal. *o. c.*, p. 458).

BOYER (Pierre), perruquier. Mentionné le 4 janvier 1791. Peut-être est-il membre dès le 15 nov. 1790. Electeur lors des élections à la Législative. officier municipal (*Arch. mun. Bergerac, reg. délib. mun.*, 27 nov. 1791), administrateur du district (*Arch. dép. Dord.*, L 408, nov. 1792), il est, en l'an III, inspecteur aux réquisitions de fourrages pour la Dordogne.

BOYER (du Bourg), sergeur, ou Boyer aîné, frère du précédent. Présenté le 29 novembre 1793.

BOYER, bonnetier. Présenté le 18, admis le 22 janvier 1791.

BOYER (du Monteil). Mentionné le 23 mai 1791. Quatre Boyer, dont Boyer fils et P. Boyer, signent une adresse de la Société, du 29 septembre 1792.

BRIAND, négociant. Admis le 25 janvier 1791. Peut-être est-ce le Brian qui signe une pétition de la Société, du 5 nivôse an III.

BRIAU.

BRIEAUD (Daniel). Lui et le précédent signent une adresse

de la Société, du 14 septembre 1791. Ce sont sans doute les deux mêmes qui, sous les noms de Briau aîné et de Briaud, signent une adresse de la Société à la Convention, en germinal an II. Daniel Brieaud était tisserand *Ibid* , G 2, liste des Bergeracois en 1790).

Brissaud, arquebusier. Mentionné le 15 mai 1790. Est notable (*Ibid.*, 6 avril 1790).

Broussaut. Signe une adresse de la Société, du 22 juin 1792.

Brugère, dit Roulau. Mentionné le 18, rayé le 19 janvier 1792.

Brugère père. Présenté le 9, admis le 12 décembre 1793.

Brugues. Admis le 3 février 1791. Officier municipal (*Arch. mun. Bergerac, reg. délib. mun.*, 25 nov. 1792).

Brun, teinturier. Mentionné le 25 juin 1791. Est peut-être le même que Daniel Brun, qui signe une adresse de la Société, du 29 septembre 1792.

Brun (Daniel), cornassier. Présenté le 23 octobre 1793.

Brunet, garçon horloger. Présenté le 10, prête serment le 17 décembre 1793.

Bruzac, procureur syndic du district. Admis le 22 janvier 1791. Sans doute Jean Bruzac, notaire (*Arch. mun. Bergerac*, G 2, Reg. des contributions patriotiques).

Bruzac jeune, volontaire. Mentionné le 2 avril 1793.

Bruzac (Marc). Prête serment le 2 décembre 1793.

Bruzac-Laplante. Voir Laplante.

Buignet. Mentionné le 29 novembre 1793. Volontaire. Il signe ainsi dans une lettre qu'il adresse à la Société, le 14 floréal an II.

Buisson. Mentionné le 12 mai 1791.

Buisson-Sainte-Croix. Est sans doute autre que le précédent, car il est désigné indistinctement sous le nom de Sainte-Croix (23 mai 1791) ou sous celui de Buisson-Sainte-Croix (12 décembre 1793) ou sous celui de Dubuisson-Sainte-Croix (*Arch. mun. Bergerac*, G 2, Reg. des taxes révolutionnaires ; il fut taxé à 3.000 livres en l'an II). Il s'agit vraisemblablement du franc-maçon, gendarme de la garde.

Burète. Signe une adresse, le 15 février 1793.

Burète (André). Admis le 7 mai 1793. Peut-être parent de Paul Burète, franc-maçon, et de Jacques Burette, mesmérien.

Cabanac, bonnetier. Signe une adresse de la Société, du 26 juillet 1791. Sans doute celui qui fut notable (*Arch. mun. Bergerac, Reg. délib. mun.*, 27 novembre 1791). Un Michel Cabanat sera volontaire (De Cardenal, *o. c.*, p. 459).

Cabanac·(veuve). Signe une adresse de la Société, du 29 septembre 1792.

Cabanet, menuisier. Admis le 3 mars 1791.

Cahuzier. Signe une adresse de la Société, du 22 juin 1792.

Caillavel. Voir Courson.

Caillou (Jacob). Mentionné le 8 mai 1794. Il s'agit du sergent-major.

Caillou (Raymond). Admis le 5 thermidor an II.

Cailloux (Antoine). Mentionné le 27 décembre 1790 ; notable

(*Arch mun. Bergerac, Reg délib. mun.*, 27 nov. 1791), puis officier municipal (*Ibid.*, 23 pluviôse an II), sera membre du Comité révolutionnaire (*Arch. mun. Bergerac*, fonds Blanc ; sa lettre du 23 nivôse an II).

CAILLOUX (de Malbec) (Gabriel) Mentionné le 15 mai 1790. Un Gabriel Cailloux est au nombre des fédérés bergeracois qui assistaient à la journée du 10 août 1792 (*Ibid.*, 13 frimaire an III).

CAILLOUX aîné (Pierre), bonnetier. Signe une adresse de la Société, du 26 septembre 1791. Elu notable le 18 novembre 1790 (*Ibid.*, à cette date).

CAILLOUX aîné, également bonnetier. Présenté le 14, admis le 16 décembre 1793 C'est sans doute celui des clubistes du nom de Cailloux qui fut volontaire (Voir la séance du 7 mai 1793).

CALLIOU (Jacques) Signe une adresse de la Société, du 26 juillet 1791

CALQUICO (?). Signe une adresse de la Société, du 22 juin 1792.

CAMARÈZE (J.). Signe une adresse de la Société, du 29 septembre 1792. Jean Camarèze était maçon (*Ibid.*, G 2, liste des Bergeracois en 1790).

CANTAL, inspecteur de l'enregistrement. Admis le 16 décembre 1793.

CANTAL, employé à la régie des domaines nationaux. Admis le 11 juillet 1794 par le Comité de présentation.

CANTELAUVE (de Campsegret). Présenté le 5 décembre 1793.

CAPMAU (P.). Signe une adresse de la Société, du 6 novembre 1791. Ce Pierre Capmau, volontaire, devint chef de bataillon (De Cardenal, *o. c.*, p. 519).

CARARD (?). Signe une adresse de la Société, du 5 nivôse an III.

CARBONEL (Guillaume). Admis le 18 juin 1791.

CARRÉ second. Admis le 3 mars 1791.

CARRÉ fils aîné. Admis le 30 juillet 1791.

CARRÉ père. Admis le 30 décembre 1791. Ces trois Carré signent une adresse de la Société, du 5 nivôse an III. Un Carré était sergent de quartier en 1790 (*Arch. mun. Bergerac*, G 2, liste des Bergeracois en 1790) ; un autre, fournier (*Ibid.*).

CARREAU (Jean-Baptiste), négociant. Présenté le 21 ; ajourné le 24 février ; prête serment le 19 juillet 1791 Un Jean-Baptiste Carrau, de Bergerac, sera volontaire (De Cardenal, *o. c.*, p. 459).

CARRIER. Signe une adresse de la Société, du 22 juin 1792. Carrier fils était administrateur du district (*Arch. dép. Dordogne*. L 354, 12 nov. 1792). Un Pierre Carrier, de Bergerac, sera volontaire (De Cardenal, *o. c.*, p. 459).

CASIMIR (Joseph), caporal. Mentionné le 17 décembre 1790 Signe ainsi une adresse de la Société, du 26 juillet 1791.

CASSÉ. Mentionné le 15 mai 1790. Un Pierre Casse était boucher (*Arch. mun. Bergerac*, boîte R, liasse 10, sa réponse, du 13 brumaire an III, au questionnaire de Pellissier) et devint notable (*Ibid.*, reg. délib. mun., 15 floréal, an II).

Casse fils. Admis le 20 mai 1793.

Castaing, tailleur. Admis le 19 mai 1791. Castaing jeune fut nommé par Lakanal officier municipal (*Ibid.*, *Reg. délib. mun.*, 15 floréal an II).

Caussade. Voir Vergnol-Caussade.

Caussade (Joseph), teinturier. Mentionné le 15 mai 1790.

Caussade, curé. Admis le 19 mai 1791.

Caussade (B.). Signe une adresse de la Société à la Convention, le 15 février 1793.

Cazamajou aîné, sellier, secrétaire-greffier de la commune. Présenté en mars 1791. Sans doute l'ancien percepteur des vingtièmes (*Arch. Bost*, 26 février 1774).

Cazamajou jeune. Signe une adresse de la Société, du 29 septembre 1792. Sans doute celui qui est mentionné comme tanneur (29 octobre 1793) et sellier (5 nov. 1793). Cazamajou, sellier, avait pour prénom Mathieu, et se disait un des fondateurs de la Société (*arch. mun. Bergerac*, boîte R, liasse 10, sa réponse, du 9 brumaire an III, au questionnaire de Pellissier).

Cazard (Jean), aubergiste. Présenté le 17 octobre, prête serment le 6 décembre 1793.

Chabry (de Bouniagues) (Pierre). Admis le 21 juin 1791.

Chadaux (Pierre). Présenté le 15 février 1791. Signe ainsi une adresse de la Société, du 26 juillet 1791. Il était bonnetier. (*Arch. mun. Bergerac*, G 2, Reg. Contributions patriotiques).

Chadeau, sergeur. Présenté le 7, admis le 10 février 1791.

Chalvet jeune, juge. Présenté le 17, admis le 20 janvier 1791. Il s'agit sans doute de Guillaume Chalvet, avocat, francmaçon, mesmérien, qui, élu juge au tribunal du district, se démit des fonctions d'officier municipal (*Arch. mun. Berge-rac, Reg. délib mun.*, 13 nov. 1790).

Chalvet Clairac. Présenté le 3, admis le 6 janvier 1791. Signe ainsi une adresse de la Société, du 26 juillet 1791.

Chalvet. Voir Marais-Chalvet.

Chancogne (Henri). Mentionné le 3 février 1791. Est peut-être le même que Chancogne père, mentionné le 9 décembre 1793. Henri Chancogne était menuisier (*Arch. mun. Berge-rac. G 2. reg. contributions patriotiques*).

Chancogne jeune. Prête serment le 3 décembre 1793.

Chancogne. Signe une adresse de la Société à la Convention, en frimaire an II.

Chancogne aîné (B.). Signe une adresse de la Société, du 5 nivôse an III.

Chanconie. Signe une adresse de la Société, du 6 nov. 1791.

Charette. Mentionné le 24 juin 1791.

Charier. Signe une adresse de la Société, du 5 nivôse an III.

Charon (Armand). Présenté le 21, ajourné le 25 janvier 1791, préside la Société le 15 août 1791.

Chartres (Jean), maçon. Mentionné le 12 octobre 1793.

Chassagne, receveur. Admis le 6 janvier 1791.

Chassagne aîné, meunier. Présenté le 23 octobre 1793.

Chassagne gendarme. Prête serment le 3 décembre 1793.

CHASSAGNIE. Signe une adresse de la Société à la Convention en frimaire an II

CHASSAIGNE (de Mouleydier). Admis le 7 février 1791.

CHAVELON (Pierre). Signe une adresse de la Société, le 29 septembre 1792.

CHAVERON (de Gala), charron. Présenté le 19 février 1792.

CHAZENAU, électeur. Mentionné le 23 mai 1791.

CHEVALIER-LAGALAGE. Réintégré le 11 décembre 1793.

CHEVALIER-LAUBANIE (ou de Laubanie). Admis le 3 mars 1791.

CHIRON. Mentionné le 14 décembre 1793.

CHOIET. Admis le 25 janvier 1791. Plusieurs Choiet sont francs-maçons.

CHOPIN. Admis le 10 octobre 1791. Il signe ainsi une adresse de la Société, du 29 septembre 1792. Un Chopin était faïencier (*Arch. mun. Bergerac*, G 2, liste des Bergeracois en 1790).

CHOROCHE (Mathieu). Prête serment le 1er juillet 1791.

CLAIRAC. Voir CHALVET-CLAIRAC.

CLUZEAU-BIRAN. Mentionné le 20 juin 1791.

COCQ (Jules). Mentionné le 15 mai 1791.

COLIN, capitaine de garde nationale. Mentionné le 15 mai 1790. Un Colin était ancien huissier aux tailles (*Arch. mun. Bergerac*, G 2, liste des Bergeracois en 1790).

COLRIEU-MAINSAT (E.), adjudant de la garde nationale. Mentionné le 15 mai 1790. Sera notable (*Arch. mun. Bergerac, Reg. delib. mun.*, 27 nov. 1791), puis officier municipal (*Ibid.*, 23 pluviôse an II) et membre du Comité révolutionnaire (*Arch. mun. Bergerac*, fonds Blanc, sa lettre du 23 nivôse an II).

COMBE. Signe une adresse de la Société, du 29 septembre 1792. Un Pierre Combe était meunier (*Ibid.*, G 2, liste des Bergeracois en 1790).

CONIL (J.). Signe une adresse de la Société, du 29 septembre 1792. Notable (*Ibid.*, 6 avril 1790). Un Joseph Conil, de Bergerac, fut volontaire (De Cardenal, *o. c.*, p. 461).

CONIL oncle (Pierre). Admis le 13 octobre 1793.

CONIL cadet, neveu. Admis le même jour.

CONIL cadet (Jean). Présenté le 20 octobre 1793. Est sans doute le Conil qui prête serment le 10 décembre 1793.

CONSTANT. Mentionné le 3 août 1791.

COQ (de la Gabarre) fils. Admis le 17 février 1791.

COQ (de Rouzade). Admis le 9 juillet 1791. Un Pierre Coq était marchand (*Ibid.*, G 2, liste des Bergeracois en 1790).

COQ (Simon). Prête serment le 23 juillet 1791.

CORBET jeune, électeur. Mentionné le 23 mai 1791. Signe ainsi une adresse de la Société, du 26 juillet 1791. Notable (*Arch. mun. Bergerac. Reg. délib. mun.*, 27, nov. 1791).

COSSÉ. Admis le 1er février 1791. Est sans doute l'avocat Cosset, électeur en 1790 (*Ibid.*, fonds Blanc, mai 1790).

COUDERC (François, négociant à Bordeaux, colonel de la garde nationale, franc-maçon. Assiste à la séance du 27 décembre 1790. Signe une adresse de la Société à la Convention, en frimaire an II.

Couderc (du Casse), avocat. Admis le 16 janvier 1791. Franc-maçon, mesmérien, procureur de la commune en 1790. (*Ibid.,* 6 avril 1790).

Coudré.

Coudré. Ces deux Coudré signent une adresse de la Société, du 22 juin 1792. Un B. Coudré signe une adresse de la Société, du 29 septembre 1792. Un de ces Coudré fut sans doute volontaire (Voir la séance du 7 mai 1793).

Coudré, tailleur de pierres. Présenté le 26 octobre 1793.

Courson-Caillavel. Mentionné le 24 mars 1793.

Courssou, propriétaire de moulins. Mentionné le 29 mai 1791. Peut-être s'agit-il de Jean-Jacques Courssou de Pécany, franc-maçon. Courssou de Pécany fut notable *(Ibid.,* 18 nov. 1790) et membre du bureau de paix *(Ibid.,* 23 nov. 1790).

Courtine, notaire. Mentionné le 15 mai 1790.

Courtine fils. Mentionné le 9 décembre 1790.

Courtine. Admis le 10 janvier 1791. Un Jacques Courtine était perruquier *(Ibid.,* G 2, liste des Bergeracois en 1790).

Coustaut aîné. Admis le 15 juin 1791.

Coustaut jeune. Signe une adresse de la Société, du 29 septembre 1792

Cousteille (Reymond). Signe une adresse de la Société, du 29 septembre 1792.

Cousty (?) père. Signe une adresse de la Société, du 22 juin 1792.

Couture Mentionné le 17 juin 1791.

Couzin (Jean). Admis le 18 février 1791.

Cramaille. Mentionné le 15 Mai 1790. Martial Cramaille était marchand *(Arch. mun. Bergerac,* G 2, *Reg.* contributions patriotiques).

Crépin. Signe une adresse de la Société, du 26 juillet 1791. Un Crépin était cordonnier *(Ibid.,* G 2, liste des Bergeracois en 1790).

Crespi (Barthélemy). Mentionné le 8 octobre 1793.

Cuminal. Mentionné le 9 septembre 1791. Il était cordonnier *(Arch. mun. Bergerac,* G 2, liste des Bergeracois en 1790.)

Dagout. Voir Agout (D').

Dailhac. Admis le 23 septembre 1793. Il s'agit sans doute du marchand de fer *(Arch. Bost,* compte de Dailhac, du 1er germinal an II).

Dalanquier. Mentionné le 24 juin 1791.

Dartexey. Signe une adresse de la Société à la Convention, en germinal an II.

Dauge (Jacques). Présenté le 6 février 1792.

Dauge (Blaise). Signe une adresse de la Société, du 29 septembre 1792.

Daurade. Signe une adresse de la Société, du 29 septembre 1792. Un Daurade était menuisier *(Arch. mun. Bergerac,* G 2, liste des Bergeracois en 1790).

Dealie. Mentionné le 22 juin 1791.

Dechamps, perruquier. Mentionné le 14 janvier 1791.

Dechamps fils. Signe une adresse de la Société, du 26 juillet 1791. Sera volontaire.

Defarge (P.). Mentionné le 15 brumaire an II. Signe ainsi une adresse de la Société à la Convention, en frimaire an II. Un Defarges était coutelier (*Arch. mun. Bergerac*, G 2, liste des Bergeracois en 1790).

Dehap. Mentionné le 15 mai 1790. Il fut officier municipal (*Arch. mun Bergerac, Reg. délib. mun.*, 27 nov. 1791).

Il avait 52 ans en l'an III (*Ibid.*, boîte R. liasse 10, tableau du 18 germinal an III.

Dehap (du Bourg). Admis le 3 mars 1791.

Deilteilh (Pierre). Admis le 1er juin 1791.

Dejean. Signe une adresse de la Société, du 22 juin 1792. Sans doute celui qui était administrateur du district (*Arch. dép. Dordogne*, L 354, 8 nov. 1791).

Delay. Présenté le 13, prête serment le 25 octobre 1793.

Delbord (André). Admis le 3 juillet 1791.

Delbos, bonnetier. Mentionné le 15 mai 1791.

Delbourg jeune (François). Signe une adresse de la Société, du 26 juillet 1791. Un Delbourg fut parmi les fédérés bergeracois qui assistèrent au 10 août 1792 (*Arch. mun. Bergerac, Reg délib. mun.*, 13 frimaire an III).

Delbourg, membre de la Société populaire d'Issigeac et du Comité révolutionnaire de Bergerac. Accepté par le Comité de présentation, le 5 thermidor an II.

Delenda, membre de la Société populaire de Castets. Accepté par le Comité de présentation, le 21 brumaire an III.

Delmas-Barrière. Admis le 10 mai 1791.

Delmas fils (de Creysse) Admis le 23 février 1793.

Delmas (Pierre). Prête serment le 5 décembre 1793.

Delmilhac, imprimeur. Admis le 12 décembre 1793.

Delmilhac fils. Présenté le 17 décembre 1793.

Delpech. Mentionné le 21 mai 1791.

Delsuc. Signe une adresse de la Société. du 29 septembre 1792.

Delsuc fils. Mentionné le 17 brumaire an II. Delsuc fils était chaudronnier (*Arch. mun. Bergerac*, G 2, liste des Bergeracois en 1790,.

Delvert. Admis le 20 mai 1793.

Delvert (Pierre) bourrelier. Admis le 15 frimaire an II.

Demond, menuisier. Présenté le 6 frimaire an II

Denoix, chirurgien. Mentionné le 31 octobre 1793.

Depii jeune. Mentionné le 1er juillet 1791. Signe une adresse de la Société, du 26 septembre 1791.

Derbinac (?). Signe une adresse de la Société du 22 juin 1792.

Descombes. Admis le 28 mai 1791. Est sans doute le même que le maire de Ribagnac. rayé de la Société le 24 août 1791.

Deshalliers. Admis le 22 février 1791, Montbrun-Deshalliers fut officier municipal (*Arch. mun. Bergerac. Reg. délib.*

mun., 27 nov. 1791). Il avait 40 ans en l'an III (*Ibid.*, boîte R. liasse 10, tableau du 18 germinal an III).

DESMARTIS (Pierre-Claude). Mentionné le 21 janvier 1791. Pierre Desmartis fut juge au tribunal de commerce (*Arch. mun. Bergerac, Reg. délib. mun.*, 8 mars 1791).

DESMARTIS (Jean). Mentionné le 7 mars 1791. Ces deux Desmartis étaient cousins et furent élus juges au tribunal de commerce. Un Jean Desmartis était « médecin à bœufs » (*Ibid.*, G 2, liste des Bergeracois en 1790).

DESMARTIS aîné. Mentionné le 26 juillet 1791.

D'ESMARTIS-LAPERCHE. Voir ESMARTIS (D').

DESMARTIS PITRE. Voir PITRE-DESMARTIS.

DESMARTY-SAINT-MAIME. Voir SAINT-MAIME. Nous ne garantissons pas l'orthographe des noms de Desmartis et Desmarty, car elle varie d'un document à l'autre.

DESMOND. Mentionné le 18 février 1791.

DESMOND jeune. Lui et le précédent signent une adresse de la Société à la Convention, en germinal an II.

DESPAIGNE (Cadet) ou Despaigne jeune. Admis le 25 janvier 1791. Despaigne jeune, négociant, est élu juge du tribunal de commerce le 26 mars 1791 (*Ibid.*, à cette date).

DESPAIGNE ou DESPAGNE fils, volontaire. Admis le 16 décembre 1793.

DESPAGNE, électeur. Mentionné le 23 mai 1791.

DESPET (?) Mentionné le 9 avril 1793.

DESTRE. Signe une adresse de la Société, du 22 juin 1792.

DEYSAL. Voir LOREILHE-DEYSAL.

DOAT jeune. Signe une adresse de la Société, du 26 juillet 1791. Peut être BELLEVUE-DOAT (voir ce nom). Un Jean Doat, de Bergerac, fut volontaire (De Cardenal *o. c.*, p. 487).

DOMMENGET (P.) Mentionné le 6 décembre 1790. Etait mesmérien. Sera administrateur du district (*Arch. dép. Dordogne*, L 356, 23 floréal an II).

DOMMENGET (citoyenne). Présentée par son mari, le 11 juin 1793.

DOMMENGET-MALAUGER. Mentionné le 12 mai 1791. Un Malauger était franc-maçon.

DONNET aîné. Signe une adresse de la Société, du 26 juillet 1791.

DORFEUILLE, philosophe et orateur. Admis le 29 janvier 1792.

DREUIL. Prête serment le 3 décembre 1793.

DRIAN. Mentionné le 16 janvier 1791.

DUBUISSON (1). Voir Buisson-Sainte-Croix.

DUBOIS. Mentionné le 15 mai 1790. Un Dubois était horloger (*Arch. mun. Bergerac*, G 2, liste des Bergeracois en 1790), un autre, cabaretier (*Ibid.*).

---

(1) Dubuisson, présenté le 22, fut ajourné le 25 janvier 1791. Il est donc, sans doute, autre que Dubuisson-Sainte-Croix.

Ducastaing fils. Mentionné le 15 mai 1790. Etait mesmérien.

Ducastaing père. Signe une adresse de la Société, du 26 septembre 1791. Etait mesmérien. Ducastaing père et fils étaient marchands drapiers (*Arch. Bost*, leur compte du 20 déc. 1792).

Ducastaing père fut notable (*Arch. mun. Bergerac, Reg. délib. mun.*, 25 nov. 1792) et officier municipal ; en l'an III, il avait 67 ans (*Ibid.*, boîte R, liasse 10, tableau du 18 germinal an III)

Duclos aîné (Pierre). Mentionné le 9 décembre 1790. Un Duclos aîné était chargé du recouvrement de la capitation et des vingtièmes (*Arch. Bost*, 28 septembre 1776).

Duclos fils de l'aîné (Jean-Baptiste). Signe une adresse de la Société, du 26 juillet 1791.

Ducour-Lespinasse. Présenté le 18, admis le 22 janvier 1791.

Duffour (Louis-Marie). Admis le 8 juin 1791.

Duffour (Laurent). Admis le 13 juillet 1791. Un de ces deux Duffour était avoué et devint secrétaire du greffier de la commune (*Arch. mun. Bergerac, Reg. délib. mun., 11 prairial an II*).

Dufour (Pierre). Signe une adresse de la Société, du 22 juin 1792.

Dufour (G.). Signe une adresse de la Société. du 26 juillet 1791. Un G. Dufour était menuisier (*Arch. Bost*, son compte du 6 octobre 1770 .

Dumonteil jeune. Mentionné le 20 mai 1791.

Dumoulin. Mentionné le 29 novembre 1790. Sans doute le même que Dumoulin-Langlais, mentionné le 13 décembre 1790.

Dumoulin (Joseph). Signe une adresse de la Société, du 26 juillet 1791.

Dumourier. Admis le 11 mai 1791.

Dupeyrou aîné. Mentionné le 3 décembre 1793.

Dupeyrou-Boisse fils (Paulet). Admis le 13 janvier 1791.

Dupont. Mentionné le 14 mai 1791. Sans doute le Jean Dupont qui signe une adresse à la Société, du 29 septembre 1792.

Duprat. Ministre protestant. Admis le 3 février 1791.

Dupui (Antoine), bonnetier. Présenté le 29 octobre, prête serment le 3 décembre 1793.

Dupuis, tailleur, électeur. Mentionné le 23 mai 1791. Un Michel Dupuy fut notable (*Arch. mun. Bergerac, reg. délib. mun.*, 27 novembre 1791).

Dupuy (de la Force). Présenté en mars 1791. Peut-être est-ce le Dupuy admis le 17 juin 1791.

Dupuy (du Bourg). Admis le 9 décembre 1793. Un Dupuy, aubergiste, fut nommé notable par Lakanal (*Ibid.*, 15 floréal an II).

Duqueyla (J.). Mentionné le 1er juin 1791.

Duqueyla aîné (E.). Signe une adresse de la Société, du

26 juillet 1791. Un Duqueyla était droguiste *(Arch. mun. Bergerac*, G 2, liste des Bergeracois en 1790.) Un autre, bonnetier (*Ibid.*).

DUQUEYLA-DU-TERME. Mentionné le 13 septembre 1793. Notable (*Arch. mun Bergerac, reg. délib. mun.*, 27 nov. 1791). Il avait 66 ans en l'an III (*Ibid.*, boîte R, liasse 10, tableau du 18 germinal an III.)

DUQUEYLA-MINETTE. Mentionné le 3 décembre 1793.

DURAND, garde national. Admis le 8 juin 1791.

DURAND aîné, vicaire, aumônier de la garde nationale. Proposé le 14, admis le 17 février 1791.

DURAND (Elie.) Signe une adresse de la Société, du 29 septembre 1792.

DURAND aîné, Américain. Signe une adresse de la Société, du 5 nivôse an III. Peut-être est-ce le Durand, négociant à Bordeaux, présenté le 22 décembre 1793.

DUREYSSET fils. Signe une adresse de la Société, du 29 septembre 1792.

DURIVAL, curé de Gageac. Admis en mars 1791.

DURIVE fils. Admis le 8 mars 1791.

DURIVE père (de Mouleydier). Admis le 20 août 1791.

DURRIVE, gendre de Prévôt. Admis le 7 février 1791. Martin Durrive était maître de bateau (*Ibid.*, G 2, liste des Bergeracois en 1790).

DURRIVE-JEANNET. Admis le 4 août 1791.

DUSSUMIER fils jeune (Jean-Pierre). Mentionné le 29 novembre 1790. Mesmérien, franc-maçon ; sera juge et président de la Société. Propriétaire-agriculteur : le 16 brumaire an 11, disait être âgé de 35 ans et avoir toujours voulu « le règne de l'égalité politique » (*Arch. mun. Bergerac*, boite R, liasse 10, sa réponse au questionnaire de Pellissier).

DUSSUMIER fils aîné, employé chez Beaupuy. Admis le 16 décembre 1790. Mesmérien. Frère du précédent.

DUSSUMIER HOLLANDAIS ou BATAVE. Admis le 16 décembre 1793. Voir plus loin Lagrave-Dussumier et Perrié-Dussumier.

ERAUD, jacobin. Admis le 3 mars 1791.

ESMARTIS-LAPERCHE (D') (Jean). Admis le 16 janvier 1791, Ecuyer, capitaine de navire, juge au tribunal de commerce, d'Esmartis-Laperche démissionnera des fonctions de maire, pour devenir lieutenant de vaisseau, le 24 nivôse an II (*Arch. mun. Bergerac, reg. délib. mun.*, à cette date). Il périra, le 13 prairial an II, à la bataille d'Ouessant (Lévy-Schneider, *Jeanbon Saint-André*, p. 836). Il avait versé, en 1789, une contribution patriotique de 775 livres (*Arch. mun. Bergerac*, G 2). Voir, sur d'Esmartis, un article de M. Lafosse dans le *Journal de Bergerac*, du 2 juin 1894.

EYGUIÈRE (Pierre). Signe une adresse de la Société, du 22 juin 1792.

EYGUIÈRE (Charles). Admis le 16 décembre 1793. Un Eyguière était sergeur (*Arch. mun. Bergerac*, G 2, liste des Bergeracois en 1790).

Eyma jeune (Ramus). Mentionné le 15 mai 1790. Un Eyma était franc-maçon.

Eyma (Jean-Jacques), président du tribunal de commerce. Mentionné le 7 mars 1791.

Eyma (Raymond), juge au tribunal de commerce. Mentionné le 7 mars 1791.

Eyma (Jean-Joseph). Signe une adresse de la Société à la Convention, en frimaire an II.

Eyma (Daniel). Signe, avec le précédent, une adresse de la Société, du 29 septembre 1792.

Eyma-Boisse, négociant. Admis le 16 janvier 1791. Mesmérien.

Eyraud fils. Signe une adresse de la Société, du 29 septembre 1792. Peut-être le même qu'Eyraud fils aîné, mentionné le 7 novembre 1793.

Faisandier (Jean-Baptiste). Prête serment le 5 décembre 1793. Peut-être le même que Fasandier, imprimeur, présenté le 17 octobre 1793.

Le gendre de Fasandier, boulanger. Mentionné le 17 octobre 1793.

Falquié (du Monteil). Mentionné le 11 juin 1791.

Falquié (F.). Signe une adresse de la Société, du 26 juillet 1791.

Falquier (Pierre). Mentionné le 7 novembre 1793. Un Falquier jeune signe une adresse de la Société, du 29 septembre 1792.

Fasandier. Mentionné le 15 mai 1790. Peut-être le même qu'Antoine Fesandier, mentionné le 9 mai 1791.

Faubeau (?) (Jean). Signe une adresse de la Société, du 22 juin 1792.

Fauché (Elie). Mentionné le 17 juin 1791. Tailleur. *(Ibid.)*.

Fauconney. Mentionné le 18 février 1791. Signe une adresse de la Société à la Convention en frimaire an II. Fauconay, dit Bourguignon, était tanneur (*Arch. mun. Bergerac*, G 2, liste des Bergeracois en 1790).

Fauconnié. Signe une adresse de la Société à la Convention en frimaire an II.

Faugère, homme de loi. Mentionné le 2 juillet 1793. Etienne Faugère fut avocat (*Arch. mun. Bergerac*, G 2, Reg. contributions patriotiques).

Faugeron. Présenté le 19 décembre 1793.

Faure, plâtrier. Présenté le 19, admis le 20 mai 1793.

Faure, greffier. Mentionné le 16 juin 1793. Il aura 28 ans en l'an III (*Ibid.*, boîte R, liasse 10, tableau du 18 germinal an III).

Faure, élève de Bourson. Admis le 16 décembre 1793.

Faurie. Mentionné le 15 mai 1790. Peut-être Raymond Faurie, ancien brigadier de maréchaussée (*Arch. mun. Bergerac*, G 2, Reg. de contributions patriotiques).

Faurie-Belleroze. Mentionné le 9 mai 1791.

Fauvel jeune. Comme il ne sait écrire, on signe pour lui une adresse de la Société, du 26 juillet 1791.

Fauvel aîné. Signe une adresse de la Société, du 29 septembre 1792. Un Fauvel était menuisier (*Ibid.*, G 2, liste des Bergeracois en 1790).

FAYOLLE (F.). Signe une adresse de la Société, du 26 juillet 1791. Un Fayolle était teinturier (*Ibid.*), un autre, tonnelier (*Ibid.*).

FELLIX (Henri). Mentionné le 15 mai 1790. Signe une adresse de la Société, du 26 septembre 1791. Maréchal (*Arch. mun. Bergerac*, G 2, liste des Bergeracois en 1790).

FELLIX (L.) Signe une adresse de la Société, du 29 septembre 1792.

FÉRANT, tailleur. Prête serment le 1er décembre 1793.

FERLUS (Dominique), secrétaire de Lakanal, puis de Pellissier. Accepté par le Comité de présentation, le 10 brumaire an III.

FEYTOUT fils aîné. Signe une adresse de la Société, le 14 septembre 1791.

FILLIOL, perruquier, capitaine de la garde nationale. Mentionné le 15 mai 1790.

FIX, maître de danse. Accepté par le Comité de présentation le 21 brumaire an III.

FLOURAS. Voir PÉJOURSAN.

FLOURENS (Pierre), boucher. Prête serment le 27 octobre 1793.

FONSEGRIVE. Admis le 17 mai 1791.

FONTAIGNE. Admis le 11 mai 1791.

FONVIELHE, curé de Saint-Amand-de-Boisse. Admis le 3 février 1791.

FORGÉ. Mentionné le 1er frimaire an II.

FOUCARD, perruquier. Prête serment le 27 octobre 1793.

FOURNIER P. jeune (G.). Signe une adresse de la Société, du 26 juillet 1791.

FRAIGNEAU fils. Admis le 1er février 1791. Un Fraigneau est mesmérien.

FRAIGNEAU père. Mentionné le 3 décembre 1793. Sans doute l'ancien lieutenant-général criminel, qui devint juge au tribunal de district.

FRANC. Présenté le 8 février 1791.

FRANC fils. Franc et Franc fils signent une adresse de la Société, le 22 juin 1792.

FRANCHEMONT. Mentionné le 15 mai 1790. Un Léon Franchemont était marchand (*Arch. mun. Bergerac*, G 2, Reg. contributions patriotiques). Un Franchemont était perruquier (*Ibid.*, G 2, liste des Bergeracois en 1790).

FRESCARODE fils (Pierre), employé chez Courtine. Admis le 29 novembre 1790. Sera lieutenant au deuxième bataillon de la Dordogne (De Cardenal, o. c., p. 465). Sans doute fils de Jean Frescarode, franc-maçon, mesmérien, chirurgien à l'hôpital.

FRESSENGE (Pierre), gendre de Massone. Présenté le 20 octobre 1793.

FRONSAC. Présenté le 14 décembre 1793.

FRUGÈRE. Signe une adresse de la Société, du 15 pluviôse an II.

FRUGÈS. Signe une adresse de la Société, du 26 juillet 1791.

Perruquier (*Arch. mun. Bergerac*, G. 2, liste des Bergeracois en 1790). Un Bertrand Frugès fut volontaire (De Cardenal, *o. c.*, p. 515).

FUMOUZE. Admis le 28 décembre 1790.

GADRAC, paveur. Mentionné le 8 octobre 1793. Signe une adresse de la Société en frimaire an II.

GADRAC fils. Admis le 13 octobre 1793.

GAGNAIRE (Jean), notaire. Présenté le 3 janvier 1791. Un Gagnaire signe une adresse de la Société en germinal an II. Un Gagnaire sera juge de paix du canton de Bergerac (*Arch mun. Bergerac. Reg. délib. mun.*, 24 juin 1792).

GAGNAIRE jeune. Admis le 3 mars 1791.

GALÈNE aîné. Mentionné le 15 mai 1790. Arquebusier *(Ibid.*, G 2, liste des Bergeracois en 1790).

GALINA (de Russel) (J.). Mentionné le 15 mai 1790. Notable (*Ibid.*, *Reg. délib. mun.*, 3 mars 1790), puis officier municipal (*Ibid.*, 29 nov. 1791); aura 60 ans en l'an III. (*Ibid.*, boîte R, liasse 10, tableau du 18 germinal an III).

GALINA (de Russel) fils. Admis le 17 février 1791

GALINA jeune. Signe, ainsi que Galina et Galina fils, une adresse de la Société, du 22 juin 1792. Un Pierre Galina fut notable *(Ibid.*, boîte R, liasse 10, sa réponse du 9 brumaire an III au questionnaire de Pellissier).

GARAT (Henri). Mentionné le 11 mai 1791.

GARIGUE. Mentionné le 16 juin 1791.

GARLEPIÉ aîné (du Bourg). Admis le 2 juillet 1791. Un Daniel Guerlepied était tonnelier (*Ibid.*, G 2, liste des Bergeracois en 1790).

GAST, avocat. Admis le 30 décembre 1790.

GAST (de Grave). Admis le 1er février 1791.

GAST, médecin. Admis le 17 février 1791. Un Antoine Gast-Maisonneuve sera membre du Comité révolutionnaire (*Arch. mun. Bergerac, Reg. délib mun.*, 23 pluviôse an III, f. 157).

GAUSSEN. Admis le 17 février 1791. Il s'agit sans doute du mesmérien. Un Gaussen sera juge au tribunal de commerce. (*Ibid.*, 28 mars 1791) Un Gaussen était quincailler en 1771. (*Arch. Bost*, compte du 31 août 1771).

GAUTHIER fils. Admis le 14 mai 1791.

GAUTIER, curé de Pressignac. Admis le 17 janvier 1792.

GENDRE. Mentionné le 15 mai 1790, rayé le 16 janvier 1792. Un Gendre était procureur (*Arch mun. Bergerac*, G 2, liste des Bergeracois en 1790).

GENESTE (de Castaing). Admis le 3 juillet 1791.

GÉRARD. Mentionné le 13 décembre 1790.

GÉRARD (du Bourg). Présenté le 11, admis le 14 mai 1791.

GERAUD (Louis). Mentionné le 20 décembre 1790. Il était maître en chirurgie (*Arch. mun. Bergerac*, G 2, Reg. contributions patriotiques).

Un Géraud était serrurier (*Ibid.*, G 2. liste des Bergeracois en 1790), un autre, droguiste (*Ibid.*). Un Jacques et un Pierre Géraud, de Bergerac, furent volontaires (De Cardenal, *o. c.*, p. 466).

GÉRAUD fils, (1) menuisier. Présenté le 6 décembre 1790.

GÉRAUD. Voir MASSILLAC.

GILLET (de Toutifaud). Admis le 27 février 1791.

GIMET fils. Mentionné le 19 mai 1791. Sans doute Jean Gimet fils. négociant, franc-maçon.

GINET ou GINESTE (Thomas). Admis le 16 janvier 1791.

GIRARD. Signe une adresse de la Société, du 22 juin 1792. Un Girard était cabaretier (*Ibid.*, G 2, liste des Bergeracois en 1790).

GIRAUD jeune. Mentionné le 23 octobre 1793.

GIRAUDEL, menuisier. Mentionné le 22 février 1791.

GIRAUDEL cadet. Admis le 23 février 1793. Giraudel aîné et Giraudel jeune signent une adresse de la Société, du 22 juin 1792. F. Giraudel signe une adresse de la Société, du 26 juillet 1791 ; J. Giraudel en signe une autre, du 15 février 1793 ; Robert Giraudel signe une adresse de la Socité à la Convention, en germinal an II. Voir Jiraudel.

GIROU (Pierre), tailleur. Mentionné le 15 mai 1790.

GIROU (C.), cloutier. Mentionné le 18 février 1791.

GORSSE, homme de loi. Admis le 20 janvier 1791. Juge en juin 1791 (*Arch. mun. Bergerac, Reg. délib. mun.*, 25 juin 1791.)

GORSSE fils. Admis le 1er février 1791.

GOUBIE aîné. Admis le 22 janvier 1791.

GOUBIE-FONCROSE (2) ; signe, ainsi que Goubie, une adresse de la Société, du 26 juillet 1791.

GOULARD jeune. Mentionné le 7 novembre 1793.

GOUNNOUILHOU jeune. Mentionné le 15 mai 1790. Il était cordonnier (*Arch. Bost*, compte du 8 floréal an II). Sera assesseur du juge de paix (*Arch. dép. Dordogne*, L 403, 7 messidor an II)

GOUNOUILHOU aîné. Présenté le 27 octobre, prête serment le 1er décembre 1793. Les Gounouilhou sœurs étaient mercières (*Arch. Bost*, compte du 13 septembre 1792).

GOUZOT, commissaire du roi. Admis le 20 janvier 1791. Sera nommé par Pellissier agent national de la commune (*Arch. mun. Bergerac, Reg. délib. mun.*, 28 frimaire an III, f. 129 ; voir aussi f. 149). Il avait 42 ans en l'an III (*Ibid.*, boîte R, liasse 10, tableau du 18 germinal an III).

GOUZOU (Joseph). Admis le 8 mars 1791.

GOYON, procureur de la commune de Billac. Admis le 13 septembre 1791.

GRAND, droguiste. Mentionné le 31 octobre 1793.

GRANDPRÉ. Présenté le 3 juillet 1791.

GRANGER. Mentionné le 13 décembre 1790.

---

(1) Géraud, chirurgien, mesmérien, fut présenté le 17, mais ajourné le 20 janvier 1791.

(2) Goubie jeune, secrétaire de l'administration du district, fut présenté le 10, mais ajourné le 15 février 1791.

GRASSET-LATOUR. Signe une adresse de la Société, du 18 février 1791.

GRASSET-LATOUR jeune. Ces deux Grasset-Latour signent une adresse de la Société, du 26 juillet 1791. Un Jean Grasset-Latour fut volontaire (De Cardenal, *o. c.*, p. 514).

GRAVIER aîné (Bernard). commissionnaire. Mentionné le 15 mai 1790. Elu notable le 18 novembre 1790 (*Arch. mun. Bergerac, Reg. délib. mun.*, à cette date).

GRAVIER père (Bertrand). Mentionné le 9 décembre 1790.

GRAVIER fils jeune. Mentionné le 4 janvier 1791. Deux Gravier et Bertand Gravier signent une adresse de la Société, du 22 juin 1792. Un Joseph Gravier et un Etienne Gravier, de Bergerac, furent volontaires (De Cardenal, *o. c.*, p. 491 et 512).

GRAVIER-LACOSTE fils aîné. Admis le 27 février 1791.

GRAVIER-LACOSTE père. Admis le 20 mai 1793.

GRELOU. Membre de la Société populaire de Couze et du Comité révolutionnaire. Accepté par le Comité de présentation, le 5 thermidor an II.

GRENIER jeune. Admis le 15 juin 1791. Est peut-être le Jean Grenier qui signe une adresse de la Société, du 26 juillet 1791.

GROZET aîné. Mentionné le 15 mai 1790. Signe une adresse de la Société, du 18 février 1791. Un Grozet était homme de loi (*Archiv. Bost*, assignation du 6 mars 1776). Un Claude Grozet, de Bergerac, fut volontaire (De Cardenal, *o. c.* p. 512).

GUÉRIN, curé de Singleyrac. Admis le 13 juillet 1791.

GUEILLARD (Criste). Admis le 19 mai 1791.

GUEYLARD (de l'Alba). Admis le 8 février 1791. Un Jean Gueylard était cultivateur (*Arch. mun. Bergerac*, boîte R, liasse 10, sa réponse, le 14 brumaire an III, au questionnaire de Pellissier). Un Gueylard fut notable (*Ibid. Reg. délib. mun.*, 15 floréal an II).

GUEYLARD (Pierre). Prête serment le 1er juillet 1791. Fédéré, assiste à la journée du 10 août 1792 (Voir séance du 7 mars 1793). Charpentier (*Ibid. G 2*, liste des Bergeracois en 1790).

GUYOT (du Bourg). Admis le 22 février 1791. Un Jean Guyot était chirurgien (*Ibid*).

HEAULME-VALLOMBREUSE. Voir Vallombreuse.

HENIN. Signe une adresse de la Société, du 26 juillet 1791.

HOCOLAT. Le comité de présentation l'accepte le 23 messidor an II.

JAMES (Antoine). Prête serment le 5 décembre 1793.

JANOT, cabaretier. Présenté le 23 octobre, prête serment le 6 décembre 1793.

JARRY père (Etienne). Mentionné le 9 mai 1791.

JARRY fils (Pierre). Admis le 20 mai 1793.

JATS-LOBLIGEANT. Mentionné le 18 février 1791. Signe une adresse de la Société, du 29 septembre 1792. Chapelier (*Ibid*).

JARDEL (de Creysse). Admis le 2 mars 1793.

JARNA (Félix). Signe une adresse de la Société, du 29 septembre 1792.

JARRY. Signe une adresse de la Société, du 26 juillet 1791.

Cordonnier (*Arch. mun., Bergerac*, G 2, liste des Bergeracois en 1790).

JAURE fils. Admis le 20 août 1791. Jaure père sera taxé à 12.000 livres en l'an II (*Arch. mun. Bergerac*, G 2, Reg. des taxes révolutionnaires).

JAVERZAC (de Mouleydier). Présenté le 19 décembre 1793.

JEAUPIN. Présenté le 26 septembre 1793.

JIOT (?), chirurgien. Mentionné le 21 juin 1791. Peut-être s'agit-il de Guyot.

JIRAUDEL jeune. Signe une adresse de la Société à la Convention, en germinal an II.

JOUG (Pierre), cordonnier. Prête serment le 27 octobre 1793.

JOURDE. Signe une adresse de la Société, du 22 juin 1792. Un Jourde était bottier (*Arch. mun. Bergerac*, G 2, liste des Bergeracois en 1790), un autre, bonnetier (*Ibid.*)

LABIGAUTIE. Voir Larroche-Labigautie.

LABOISSIÈRE-GENTIAS. Admis le 13 septembre 1791.

LABONEILLE. Mentionné le 29 octobre 1793.

LABONNE aîné, coiffeur. Présenté le 28, candidature retirée le 31 janvier 1791, mais signe une adresse de la Société, du 18 février 1791.

LABONNE, pharmacien. Mentionné le 3 novembre 1793.

LABOUTE, maçon. Mentionné le 19 septembre 1793. Peut-être le secrétaire a-t-il mal entendu le nom de Lamouthe, signalé plus bas.

LABROT, vicaire à Lembras. Admis le 9 juillet 1791.

LACAPTIE. Voir Lespinasse-Lacaptie.

LACOMBE (Guillaume). Signe une adresse de la Société, du 26 juillet 1791. Peut-être le même que Lacombe, serrurier, mentionné le 16 octobre 1793.

LACOSTE, commissionnaire, aide-major. Mentionné le 15 mai 1790.

LACOSTE fils, marchand drapier. Admis le 10 février 1791. Un Lacoste, marchand, fut nommé par Lakanal officier municipal (*Arch. mun. Bergerac, Reg. délib. mun.*, 15 floréal an II).

LACOSTE, notable. Mentionné le 30 août 1790.

LACOSTE (du petit port). Mentionné le 17 décembre 1793.

LACROSE (Jean Yon de). Admis le 11 mai 1791. Sans doute le mesmérien.

LACOUR fils. Admis le 2 juillet 1791.

LADOIRE (de Maurens). Admis le 17 mai 1791.

LAEGER (?). Signe une adresse de la Société, du 29 septembre 1792.

LAFARGUE, Américain. Présenté le 11, admis le 15 février 1791.

LAFARGUE (Pierre). Admis le 3 juillet 1791.

LAFITE père, maître de poste.

LAFITE fils. Ces deux Lafite signent une adresse de la Société, du 29 septembre 1792.

LAFITE jeune. Présenté le 27 octobre, prête serment le 3 décembre 1793.

LAFON, chirurgien. Admis le 25 janvier 1791. Signe une adresse de la Société, le 26 septembre 1791.

LAFONTAINE. Mentionné le 9 juillet 1791. Signe une adresse de la Société à la Convention, en frimaire an II. Un Lafontaine était poëlier (*Arch. mun. Bergerac*, G 2, liste des Bergeracois en 1790).

LAFONTANIE fils. Mentionné le 2 juillet 1791.

LAFORGE. Présenté le 6 février 1792.

LAFORGE fils. Admis le 13 octobre 1793.

LAGÉLIE. Admis le 25 janvier 1791. Un Lagélie fut nommé par Lakanal officier municipal (*Arch. mun., Bergerac, Reg. délib. mun.*, 15 floréal an II). Ce Lagélie, cultivateur, avait 37 ans en l'an III (*Ibid.*, boîte R, liasse 10, tableau du 18 germinal an III).

LAGRANGE (Jean), tonnelier. Signe une adresse de la Société, du 29 septembre 1792. Un Lagrange sera membre du Comité révolutionnaire (*Arch. dép. Dord.*, L 403, reg. procès-verbaux Comité révolutionnaire Bergerac).

LAGRAVE-DUSSUMIER fils aîné. Comme il ne sait écrire, on signe pour lui une adresse de la Société, du 26 juillet 1791.

LAJARTE. Signe une adresse de la Société à la Convention, en germinal an II. Un Pierre Lajarte était maçon (*Arch. mun. Bergerac*, G 2, liste des Bergeracois en 1790).

LAJEUNESSE, charpentier. Présenté le 26 novembre 1793.

LAJUGIE (de Gala). Mentionné le 2 décembre 1791. Un François Lajugie signe une adresse de la Société, du 29 septembre 1792.

LAJUGIE, menuisier. Admis le 30 juillet 1791. Son prénom était Guillaume (*Arch. mun. Bergerac, Reg. délib. mun.*, 23 pluviôse an III).

LAKANAL, représentant en mission (voir H. Labroue, *Un pamphlet contre Lakanal*, chapitre X).

LALANDE-BIRAN, avocat. Admis le 24 juin 1791. Officier municipal (*Arch. mun. Bergerac, Reg. délib. mun.*, 3 mars 1790).

LALBRE aîné. Mentionné le 10 juin 1791.

LALUNE (P.).

LALUNE (C.). Ces deux Lalune signent une adresse de la Société à la Convention, en germinal an II. Un Lalune, juge au tribunal de district, fut nommé par Lakanal membre du Comité révolutionnaire (*Ibid.*, 8 pluviôse an II).

LAMARTINIE (Philippe Humeau-). Signe une adresse de la Société, du 26 juillet 1791. Ancien procureur au sénéchal, puis avoué, fut élu procureur de la commune le 18 novembre 1790 (*Ibid.*, à cette date). Il fut ensuite substitut de l'agent national, puis juge de paix (*Ibid.*, 23 pluviôse an II).

LAMBERT DE LA LEOTARDIE (Jean), électeur Mentionné le 23 mai 1791. Peut-être le même que Lambert, admis le 10 mai 1791. Un Lambert était mesmérien. Un Lambert fut notable (*Ibid.*, 3 mars 1790) et juge au tribunal de district (*Ibid.*, 28 décembre 1790).

LAMOTHE (du Bourg), abbé. Admis le 15 février 1791.

LAMOTHE (Aubin). Comme il ne sait écrire, on signe pour lui une adresse de la Société, du 26 juillet 1791.

Lamouthe fils (Bᵈ). Admis le 12 décembre 1793.

Lanauve (du Teulet). Admis le 16 janvier 1791. Un Lanauve se démettra, le 4 septembre 1793, de ses fonctions de juge du tribunal de district (*Ibid.*, à cette date). Un Lanauve fut membre du Comité révolutionnaire (*Arch. mun. Bergerac*, G 2, reg. des taxes révolutionnaires).

Lanauve (Citoyenne). Présentée le 11 juin 1793.

Lanoué-Rateau. Admis le 17 février 1791.

Lanscrait (?). Signe une adresse de la Société, du 29 septembre 1792.

Lapalisse, capitaine de gendarmerie. Accepté, sous réserves, par le Comité de présentation, le 23 messidor an II.

Laplagne, tonnelier. Accepté par le Comité de présentation le 21 brumaire an III.

Laplante-Bruzac. Admis le 22 janvier 1791

Laporte, curé de Lamonzie-sur-Dordogne. Mentionné le 4 juillet 1791. Mesmérien.

Laregnère (P.). Signe une adresse de la Société, du 29 septembre 1792. Sans doute le même que Laregnère, admis le 15 février 1791. P. Laregnère était membre du directoire du district de Bergerac (*Arch. dép. Dord.*, L. 354, octobre 1790).

Larigaudie (de Béleymas). Admis le 8 février 1791. Sans doute celui qui sera administrateur du district (*Arch. dép. Dord.*, 26 septembre 1792).

Larivière-Babiard. Prête serment le 2 juillet 1791.

Larmandie ou Larmandie-Tressac. Présenté le 4 janvier 1791. Signe une adresse de la Société, du 5 nivôse an III. Patrice de Larmandie, écuyer, était franc-maçon. Un Larmandie, qui avait 40 ans en l'an III, fut officier municipal (*Arch. mun. Bergerac*, boîte R, liasse 10, tableau du 18 germinal an III).

Larolphie. Voir Berbesson-Larolphie.

Larroche-Labigautie fils aîné. Admis le 17 mai 1791.

La Sincérité, chapelier. Accepté par le Comité de présentation, le 5 thermidor an II.

Lasserre, curé de Bergerac. Admis le 25 juillet 1791.

Lasserre. Présenté le 22 décembre 1793.

Latané, avocat. Admis le 6 janvier 1791. Juge au tribunal du district (*Ibid.*, 21 brumaire an II).

Latané, médecin. Admis le 16 décembre 1793. Officier municipal ; il avait 41 ans en l'an III (*Ibid.*, boîte R, liasse 10, tableau du 18 germinal an III).

Latour. Voir Grasset-Latour.

Laubau (Gabriel). Signe une adresse de la Société, du 22 juin 1792. Peut-être le même que celui qui signe Laubeau une adresse de la Société, du 26 juillet 1791.

Laubau-Sainte-Foy. Accepté par le Comité de présentation le 10 brumaire an III.

Laubeau (Jean). Signe une adresse de la Société, du 15 février 1793.

Laurandat. Admis le 11 novembre 1791.

Laurent, boulanger. Mentionné le 31 janvier 1791.

Laval. Présenté en mars 1791. Un Laval était meunier (*Arch. mun. Bergerac*. G 2, liste des Bergeracois en 1790).

Laval fils aîné. Admis le 20 août 1791. Un Pierre Laval signe une adresse de la Société, du 29 septembre 1792.

Lavau fils (de Conne). Présenté le 6, admis le 8 fév. 1791.

Lavergne. Mentionné le 15 mai 1790. Un Guillaume Lavergne était tailleur (*Ibid.*).

Laville, buraliste. Mentionné le 8 août 1793. Peut-être le Laville maréchal et cabaretier (*Arch. mun. Bergerac*, G 2, liste des Bergeracois en 1790).

Leaubau. Signe une adresse de la Société, du 5 nivôse an III.

Le Blanc, peintre. Mentionné le 13 septembre 1791.

Lejeune. Signe une adresse de la Société, du 26 juillet 1791.

Lemaire. Signe une adresse de la Société, du 22 juin 1792.

Lemaire, bibliothécaire. Admis le 22 frimaire an II.

Lentilhac. Admis le 13 janvier 1791. Ancien capitaine au régiment de l'Ile-de-France (*Arch. mun. Bergerac*, G 2, Reg. contributions patriotiques), commandant de la garde nationale. (*Arch. dép. Dord.*, L 354, n° 288).

Lescou (Jean). Admis le 14 mai 1791.

Le Sénécal. Admis le 4 août 1791.

Lespet (Jean). Admis le 9 juillet 1791.

Lespinasse aîné le fils (J.). Mentionné le 13 janvier 1791. Notable (*Arch. mun. Bergerac*, reg. délib. mun., 1er juin 1790), puis officier municipal et administrateur de district. Négociant en grains (*Arch. mun. Bergerac*, fonds Blanc, sa réponse du 6 prairial an II au questionnaire de Lakanal).

Lespinasse aîné le père (F.). Présenté par son fils le 28 janvier, admis le 1er février 1791.

Lespinasse fils. Admis le 8 juillet 1791. J. Lespinasse aîné, F. Lespinasse aîné et Lespinasse signent une adresse de la Société à la Convention, le 5 nivôse an III. Peut-être un de ces Lespinasse est-il le Lespinasse (du pont), mentionné le 19 septembre 1793 dans les procès-verbaux de la Société populaire.

Lespinasse (de Saint-Martin), officier municipal. Admis le 15 juin 1791

Lespinasse jeune (de Coux). Présenté le 10 juillet 1791.

Lespinasse, gendre de Bonnet. Mentionné le 6 septembre 1793.

Lespinasse-Lacaptie. Mentionné le 22 décembre 1793. Donna sa démission d'officier municipal le 17 juin 1791 (*Ibid.*, à cette date).

Lespinasse-Ducour. Voir Ducour-Lespinasse. Un Jacques et un François Lespinasse, de Bergerac, furent volontaires (De Cardenal, *o. c.*, p. 494 et 515).

Lespirat fils. Admis le 2 juillet 1791.

Lestang. Présenté le 24, aojurné le 28 janvier 1791, mais signe une adresse de la Société, du 26 juillet 1791.

Lestrade. Mentionné le 18 février 1793.

Levasseur. Voir Vasseur.

Lévêque (P.). Mentionné le 5 décembre 1790. Un Lévêque,

boulanger, sera notable (*Archiv. mun. Bergerac, Reg. délib. mun.*, 25 novembre 1792) ; officier municipal en l'an III, il aura alors 38 ans (*Ibid.*, boîte R, liasse 10, tableau du 18 germinal an III).

LEYX. Présente son frère le 14 juin 1791.

LEYX (Jean) Présenté par son frère le 14, admis le 18 juin 1791. Un Jean Ley fut volontaire (De Cardenal, *o. c.*, p. 471). Un Laurent Leix était tonnelier (*Arch. mun. Bergerac*, G 2, liste des Bergeracois en 1790).

LEYX, neveu de Bordère. Admis le 17 janvier 1792.

LHANCŒRNIER (?). Mentionné en note de la séance du 31 décembre 1791 (voir notre édition des procès-verbaux).

LHERMITTE Mentionné à la fin de 1790. Traiteur (*Ibid*).

LOBLIGEANT. Voir JATS-LOBLIGEANT.

LOCHE. Mentionné le 22 novembre 1793. Peut-être Henri Loche, le mesmérien.

LOREILHE (de Lestaubière). Admis le 20 août 1791. Un Zacharie Loreilhe signe une adresse de la Société, le 5 nivôse an III : ce Z. Loreilhe fut assesseur du juge de paix (*Arch. dép. Dordogne*, L 403, 7 messidor an II).

LOREILLE-DEYSAL. Admis le 8 février 1791.

LUZAC, négociant. Admis le 7 juillet 1791.

LUZIGNAN (du Bourg). Admis le 3 juillet 1791. Un Louis Lusignan était tonnelier (*Arch. mun. Bergerac*, G 2, liste des Bergeracois en 1790). Un Pierre Luzignan fut volontaire (De Cardenal, *o. c.*, p. 516).

MAGERIAS. Mentionné le 18 février 1791.

MAGUEUR. Signe une adresse de la Société, du 15 février 1793. Un Magueur était marchand drapier (*Arch. mun. Bergerac*, G 2, liste des Bergeracois en 1790).

MAHUZIER (B.), tanneur. Mentionné le 7 janvier 1791.

MAIGNE Signe une adresse de la Société, du 5 nivôse an III. Est peut-être le Jean Maigne, avocat, franc-maçon, et le Magne, mentionné le 1er octobre 1793.

MAINSAT. Voir COLRIEU-MAINSAT.

MALAROCHE. Mentionné le 7 novembre 1793.

MALBERNAC. Signe une adresse de la Société, du 18 février 1791. Un Etienne Malbernac était marchand (*Arch. mun. Bergerac*, G 2, Reg. contributions patriotiques). Un autre était perruquier (*Ibid.*, G 2, liste des Bergeracois en 1790).

MALBERNAC (Jacob), marin. Présenté par son frère le 14, admis le 18 juin 1791. Un d'eux signe une adresse de la Société à la Convention en frimaire an II. Malbernac fils aîné. Malbernac fils aîné était marchand de grains (*Arch. Bost*, son compte du 6 février 1792). Malbernac fils aîné et Luc Malbernac signent une adresse de la Société, du 15 février 1793.

MALBERNAC jeune. Présenté le 15 frimaire an II.

MARAIS-CHALVET. Admis le 11 janvier 1791.

MARAN. Présenté le 4 mars 1791.

MARCHAND (Jean). Comme il ne sait écrire, on signe pour lui une adresse de la Société, du 26 juillet 1791.

MARCHÉ (Jean) Prête serment le 22 mai 1791.

MARCHET. Mentionné le 13 décembre 1790

MARCHET cadet. Admis le 21 juin 1791. Philippe Marchet signe une adresse de la Société, le 29 septembre 1792. Pierre Marchet et Marchet fils signent une adresse de la Société à la Convention, en frimaire an II. Un Isaac Marchet était cordonnier (*Arch. mun. Bergerac*, boîte R, liasse 10, sa réponse, en brumaire an III, au questionnaire de Pellissier) et fut notable, (*Ibid.*, *Reg. délib. mun.*, 25 nov. 1792) ; il aura 54 ans en l'an III (*Ibid.*, boîte R, liasse 10, tableau du 18 germinal an III).

MARIONET (Jean), charpentier. Prête serment le 27 octobre 1793.

MARNIER. Signe une adresse de la Société à la Convention, en frimaire an II.

[MARSAN (Jean-Elie). de la Société populaire de Jonzac, est admis le 16 décembre 1793, à assister aux séances.]

MARTIAL (du Monteil). Admis le 17 mai 1791.

MARTIN, orfèvre. Présenté le 6, est commissaire de la Société le 13 décembre 1790.

MARTIN, ingénieur, Admis le 16 janvier 1791. Franc-maçon. Un de ces deux Martin, est peut-être le Jean Martin, mention. né le 1er juin 1791.

MARTIN, gendarme. Signe une adresse de la Société, du 26 juillet 1791.

MARTIN, invalide. Admis le 23 février 1793.

MARTIN, serrurier. Accepté par le Comité de présentation, le 21 brumaire an III.

MARTIS (Jean', notaire. Présenté le 7 mars 1791.

MARTIS (Jean), secrétaire. Présenté le même jour.

MARVIÉ. Signe une adresse de la Société, du 26 juillet 1791.

MARVIER. Signe une adresse de la Société, du 29 septembre 1792. Un Marvier était tailleur (*Arch. mun. Bergerac*, G 2, liste des Bergeracois en 1790)

MASSE. Signe une adresse de la Société, du 26 septembre 1791.

MASSÉ père.

MASSÉ aîné. Ces deux Massé signent une adresse de la Société, du 26 juillet 1791. Un Pierre Massé aîné était tanneur (*Arch. mun. Bergerac*, G 2, Reg. Contributions patriotiques).

MASSERON fils. Admis le 20 janvier 1791. Sera notable (*Arch. mun. Bergerac, Reg. délib. mun.*, 19 floréal an II) Un Masseron était aubergiste (*Arch. mun. Bergerac*, G 2, liste des Bergeracois en 1790).

MASSILLAC-GÉRAUD. Mentionné le 2 décembre 1793.

MATHIAS fils de (Lanquais). Admis le 22 février 1791.

MATHIAS père. Admis le 30 juillet 1791. Est peut-être le Mathias aîné qui signe une adresse de la Société, du 5 nivôse an III.

MAURI. Admis le 22 février 1791. Un Maury était boulanger (*Ibid.*)

MAUSIER. Mentionné le 19 mai 1791.

MAZÈRE Signe une adresse de la Société à la Convention, en

frimaire an II. Un Mazère était perruquier (*Arch. mun. Berge-rac*, G 2, liste des Bergeracois en 1790.)

MAZET (de Liorac), électeur. Mentionné le 23 mai 1791.

MAZIÈRE. Signe une adresse de la Société, du 15 février 1793.

MENIER. Admis le 18 janvier 1791.

MERCIER Admis le 28 janvier 1791. Mercier présenta son fils le 8, mais retira sa présentation le 13 octobre 1793, à cause de l'insuffisance d'âge de son fils.

MERGIER (Georges-Pierre). Admis le 3 janvier 1791. Sera commandant du 2° bataillon de la Dordogne. (Voir De Carde-nal, o. c., p. 473).

MÉRIC. Signe une adresse de la Société, du 5 nivôse an III. Un Méric était tisserand (*Arch. mun.. Bergerac*, G 2, liste des Bergeracois en 1790).

MÉRY, tailleur Mentionné le 11 juillet 1791.

MESCLOP. Admis le 16 janvier 1791. C'est sans doute Jacques Mesclop, négociant, franc-maçon et mesmérien. Un Mesclop fut élu officier municipal le 18 novembre 1790 (*Arch. mun. Bergerac, Reg. délib. mun.*, à cette date); il avait 40 ans en l'an III (*Ibid.*, boîte R, liasse 10, tableau du 18 germinal an III), puis officier municipal (*Ibid.*, 25 novembre 1792).

MESLON. Mentionné le 5 juillet 1791. Mesmérien. Elu notable le 18 novembre 1790 (*Ibid., Reg. délib. mun.*), il était gendre de Mme veuve Escot (du Meynard) (*Arch. Bost*, reçu de Meslon, du 26 août 1778). Un Pierre de Meslon avait été écuyer (*Arch. mun. Bergerac*, G 2, Reg. contributions patriotiques). Il avait cinquante ans en l'an III (*Ibid.*, boîte R, liasse 10, tableau du 18 germinal an III).

MESTRE (des Farcies). Admis le 13 janvier 1791. Est sans doute le Mestre franc-maçon. Mestre (des Farcies) était com-mandant en second de la garde nationale (*Arch. dép. Dordo-gne*, L 354, n° 288).

MEYNARDIE (de Naillac) (Pierre). Présenté le 27 octobre, prê-te serment le 29 novembre 1793. Officier municipal le 16 nov. 1790 (*Arch mun. Bergerac. Reg. délib. mun.*, à cette date), puis assesseur du juge de paix (*Arch. dép. Dordogne*, L. 403, 7 messidor an II)

MEYRA, armurier. Présenté le 3 mars 1792.

MEYRAN (de Jonzac) (Elie). Mentionné le 14 novembre 1793.

MEZURE (Mathieu). Présenté le 19 décembre 1793.

MICHAUD. Voir VARRAILLON

MICHELET. Admis le 22 février 1791. Sans doute le Michelet médecin et mesmérien.

MISAUBIN. Admis le 13 septembre 1791.

MISSÉGUE. Mentionné le 17 juin 1791. Un Pierre Missègue, poèlier, fut notable le 18 nov. 1790 (*Arch. mun. Bergerac, Reg. delib. mun.*) et officier municipal (*Ibid.*, 27 nov. 1791). Il avait 50 ans en l'an III (*Ibid.*, boîte R, liasse 10, tableau du 18 germinal an III).

MISSÈGUE, bonnetier. Prête serment le 1er décembre 1793

MISSÈGUE (Jean). Présenté le 27 octobre 1793.

MONBOUCHÉ. Admis le 18 novembre 1791.

MONTAGNAC père (de Gabanelle) Mentionné le 28 mai 1793.

MONTAGNAC fils (de Gabanelle) (Pierre). Présenté par son père, le 28 mai 1793

MONTAUT-BIRAN. Mentionné le 2 juin 1791.

MONTBRUN-DESHALLIERS. Voir DESHALLIERS.

MONTEIL. Réintégré le 14 decembre 1793. Monteil-Lamouline était mesmérien. Un Monteil était notable *(Ibid.*, 6 avril 1790).

'MONTET. Mentionné le 22 octobre 1793.

MOREL (Denis). Mentionné le 10 mars 1793.

MORTÈS (?) (Jean). Officier de la garde nationale à Saint-Laurent-des-Vignes. Mentionné le 16 mai 1791.

MORVANT. Mentionné le 15 mai 1790. Un Morvan était menuisier *(Arch. mun. Bergerac*, G 2, liste des Bergeracois en 1790).

MOULINIER (François). Mentionné le 16 juin 1791.

MOULINIER aîné. Admis le 18 juin 1791. Un Pierre Moulinier, de Bergerac, fut volontaire (De Cardenal. *o. c*, p. 314).

MOULINIER fils (Étienne). Admis le même jour.

MOUNET (Elie) jeune, teinturier. Admis le 22 janvier 1791.

MOUNET jeune, horloger. Admis le même jour. Sans doute celui qui signe Paul Mounet jeune une adresse à la Société, du 29 septembre 1792. Paul Mounet était chapelier *(Arch. mun. Bergerac*, G 2, liste des Bergeracois en 1790).

MOUNET fils (Bertrand), horloger. Admis le 24 février 1791. Un Bertrand Mounet, de Bergerac, fut volontaire (De Cardenal. *o. c.*, p. 474).

MOUNET, gendarme. Mentionné le 25 février 1793.

MOUNET, fils de la veuve. Admis le 13 octobre 1793.

MOUNET (Citoyenne), dite la Sans-Culotte. Mentionnée le 8 octobre 1793.

MOURET (J.). Mentionné le 15 mai 1790. Un Mouret était tailleur *(Arch. mun. Bergerac*, G 2, liste des Bergeracois*).

MOURGUE-FONESTABLE. Admis le 8 mars 1791.

MOYNIER. Admis le 28 janvier 1791. Notable *(Ibid.*, *Reg. délib mun.* 6 avril 1790). Un Jean Moynier était procureur en 1789 *(Arch. mun. Bergerac*, G 2, Reg. contributions patriotiques).

MOYNIER fils. Signe une adresse de la Société, du 5 nivôse an III. Un de ces Moynier est peut-être celui que le procès-verbal appelle Moine, le 10 mai 1791.

MUNIER (Pierre). Admis le 9 juillet 1791.

MURAT aîné. Présenté le 10 décembre 1793. Un Murat fut rayé le 13 juin 1791.

MY (de Ginestet). Admis le 17 mai 1791.

NADAL, vicaire. Mentionné le 13 juin 1791.

NASSIER. Signe une adresse de la Société, du 29 septembre 1792

NIOLLE, maître-écrivain. Mentionné le 15 mai 1790. Sera notable *(Arch. mun. Bergerac, Reg. délib. mun.*, 27 novembre 1791). Se dit membre de la Société depuis sa fondation et instituteur depuis vingt ans, dans sa réponse, du 9 brumaire an III, au questionnaire de Pellissier (*Arch. mun. Bergerac*, boîte R, liasse 10). Plus tard, sera violemment contre-révolutionnaire (*Ibid., Reg. délib. mun.*, 16 nivôse an III). Il aura 46 ans en l'an III (*Ibid.*, boîte R, liasse, 10, 18 germinal an III).

NOËL. Signe une adresse de la Société, du 14 septembre 1791.

NOSSIET. Signe une adresse de la Société, du 6 nov. 17.1.

NOUHAILLE. Présenté le 10 juin 1791.

OLIVIER. Mentionné le 5 décembre 1790. Louis Olivier était cordonnier (*Arch. mun. Bergerac*, G 2, Reg. contributions patriotiques).

OUSTI (Pierre). Signe une adresse de la Société, du 15 septembre 1791. Menuisier (*Ibid.*, G 2, liste des Bergeracois en 1790).

PABON-LAJUNESTE. Rayé le 19 janvier 1792.

PACHER (Élie). Admis le 11 novembre 1791. Fédéré présent à la journée du 10 août 1792 (*Arch. mun. Bergerac*, boîte U, liasse 46. n° 103). Volontaire, deviendra sous-lieutenant (De Cardenal, *o. c.*, p. 516).

PACHER fils aîné. Admis le 3 mars 1791. Peut-être Louis Pacher, franc-maçon, fondeur de chandelles (*Arch. mun. Bergerac*, G. 2, Reg. contributions patriotiques). Elie Pacher et L. Pacher signent une adresse de la Société, du 29 septembre 1792.

PANCAUD (Jean). Signe une adresse de la Société, du 29 septembre 1792. Un Pancaud était cordonnier (*Ibid.*, G 2, liste des Bergeracois en 1790).

PARADE. Présenté le 17 février 1790.

PARIS (Jean), tanneur. Mentionné le 25 juillet 1793.

PARIS-TROQUERAU. Voir TROQUERAU.

PASQUAL. Mentionné le 15 mai 1790. Signe ainsi le procès-verbal du Comité de présentation, le 5 thermidor an II. Il est vitrier (*Arch Bost*, son compte du 7 juillet 1792). Notable (*Arch. mun. Bergerac, Reg. délib. mun.*. 5 sept. 1793).

PAUFAPÉ. Signe une adresse de la Société, du 26 septembre 1791.

PAULY fils. Mentionné le 17 décembre 1790. Un Antoine Pauly était tourneur (*Ibid.*, G 2, liste des Bergeracois en 1790).

PAULY aîné (P.). Signe une adresse de la Société, du 26 juillet 1791.

PAULY-LATRUFIÈRE père. Admis le 10 février 1791.

PAULY-LATRUFIÈRE fils. Admis le même jour.

PECH (Guillaume). Prête serment le 8 juillet 1791.

PÉJOURSAN. Mentionné le 8 août 1793.

PÉJOURSAN dit FLOURAS. Admis le 16 décembre 1793.

PÉLICIER. Mentionné le 9 septembre 1791. Peut-être Jean Pellissier, cabaretier (*Arch. mun. Bergerac*, G 2, Reg. contributions patriotiques).

PELOUX. Signe une adresse de la Société, du 29 septembre 1792. Un Peloux, boulanger, fut officier municipal (*Arch. mun. Bergerac, Reg. délib. mun.*, 17 nov. 1790). Le prénom de Peloux, boulanger, était Philippe (*Ibid.*, boîte R, liasse 10, sa réponse, du 14 brumaire an III, au questionnaire de Pellissier).

Peloux fils. Admis le 20 mai 1793.

[Penot, tailleur, fut ajourné par le Comité de présentation, le 10 brumaire an III.]

Perdou (Etienne). Mentionné le 17 juin 1791. Jardinier (*Ibid.*, G 2, liste des Bergeracois en 1790).

Périer-Fournier (Jean). Admis le 11 mai 1791. Un Périer, perruquier, est mentionné le 31 octobre 1793.

Perrier-Dussumier. Admis le 14 mai 1791.

Perrot (Léonard). Prête serment le 1er juillet 1791. Sans doute le même que Pérot, admis le 19 mai 1791.

Person, beau-f. ère de Cramaille. Admis le 4 janvier 1792.

Petit (J.). Mentionné le 15 mai 1790. J. Petit était serrurier (*Arch. mun. Bergerac*, G 2, liste des Bergeracois en 1790).

Petit (Pierre). Mentionné le 12 octobre 1793.

Petit (Pierre). Admis le 22 frimaire an II.

Peyre (Jean). Admis le 3 mars 1791.

Peyroni, mercier. Mentionné le 19 janvier 1792.

Peytavid (Jean). Mentionné le 18 novembre 1791.

Peyrou. Mentionné le 10 mai 1791.

Peyrouneix. Signe une adresse de la Société, du 26 juillet 1791.

Peyvieux, homme de loi. Mentionné le 18 janvier 1791. Louis Peyvieux, avocat, versa une contribution patriotique de 100 livres (*Arch. mun. Bergerac*, G 2).

Philbert fils. Admis le 16 janvier 1791.

Philippe. Mentionné le 25 juin 1791.

Picard, perruquier. Admis le 13 octobre 1793.

Piché. Admis le 16 janvier 1791.

Pigeard. Mentionné le 25 mai 1791. Un Jean Pigeard jeune était négociant (*Arch. mun. Bergerac*, G 2, Reg. contributions patriotiques).

Pinet. Mentionné le 4 janvier 1791. C'est peut-être le Pinet Saint-Nessant (il signe ainsi) mentionné le 16 mai 1791. Pinet Saint-Nessant était mesmérien, maire de Saint-Nexans, électeur (*Ibid*, fonds Blanc). Un Pinet (de Gardonne) mesmérien fut membre du bureau de paix (*Ibid*, *Reg. délib. mun.*, 23 nov. 1790)

Pinet aîné, administrateur du district. Admis le 20 août 1791. C'est le futur conventionnel La Société lui enverra une carte de membre, le 26 germinal an II.

Pinet, ancien colonel d'Auvergne. Présenté le 1er, et, de nouveau, le 22 novembre 1793.

Pinet (du Pignié). Admis le 16 décembre 1793. Mesmérien, ancien capitaine, versa, en 1789, une contribution patriotique de 1.600 livres (*Arch. mun. Bergerac*, G 2).

Pinet (du Séran) Admis le même jour. Mesmérien. Electeur en 1790 (*Ibid.*, fonds Blanc), et président de l'administration du district le 8 nov. 1791 (*Arch. dép. Dordogne*, L 354). Jean Pinet (du Séran) était avocat (*Arch. mun. Bergerac*, G 2, Reg. contributions patriotiques).

Piol. Mentionné le 2 juin 1791. Signe une adresse de la Société, du 29 septembre 1792.

PITRE-DESMARTIS. Admis le 6 janvier 1791.

PITRE-LAFARGUE. Prête serment le 21 juillet 1791.

PITRE-MASSÉ. Mentionné en note de la séance du 31 décembre 1791. Tanneur (*Arch. mun. Bergerac*, G 2, liste des Bergeracois en 1790).

PLANTEAU-LESTENAQUE fils. Admis le 9 décembre 1790.

PLANTEAU-LAUBANIE. Admis le 22 janvier 1791.

PLANTEAU cadet. Admis le 25 janvier 1791. Peut-être Antoine Planteau cadet, qui versa, en 1789, une contribution patriotique de 200 livres (*Arch. mun. Bergerac* G 2).

PLANTEAU cadet Présenté par son frère, le 19 décembre 1793.

PLANTEAU (de Brousse). Signe une adresse de la Société, du 29 septembre 1792. Planteau (de Brousse) était agriculteur ; il était officier municipal et avait 61 ans en l'an III (*Ibid.*, boîte R, liasse 10, tableau du 18 germinal an III). Un Planteau était franc-maçon. Un Antoine Planteau était agriculteur (*Ibid.* boîte R, liasse 10, sa réponse, en brumaire an III, au questionnaire de Pellissier).

PLAZIAC. Admis le 8 février 1791.

PONTARD (Pierre), ancien vicaire à Bergerac, évêque de la Dordogne. Admis le 25 juillet 1791.

PONTERIE-SÉJOURNAS Admis le 16 janvier 1791. Fils de Ponterie-Escot (*Arch. Bost*, compte de Gaussen, du 6 juin 1789). Un Séjournas sera trésorier du Comité révolutionnaire (*Arch mun. Bergerac*, G 2, Reg. des taxes révolutionnaires).

PONTERIE jeune. Mentionné le 10 février 1791.

PONTERIE-ESCOT. Président de l'administration du district. Admis le 6 janvier 1791. Ancien avocat au Parlement (*Arch. Bost*, lettre du 2 avril 1771). Pour les années 1793 et 1794, il paie 1.568 livres de contributions (*Ibid.*, reçu du 14 ventôse an III). En 1790, il versait une contribution patriotique de 2.000 livres (*Ibid*, 26 août 1790). Le 3 mai 1814, le sous-préfet de Bergerac le qualifiera d'« un des plus forts contribuables du canton de La Force » (*Ibid.*). En nivôse an II, Lakanal le nomma maire de Bergerac, en remplacement de d'Esmartis, démissionnaire (*Arch. mun. Bergerac, Reg. délib. mun.*, 26 nivôse an II). Il était, comme Meslon, gendre de Mme veuve Escot (du Meynard) (*Arch. Bost*, reçu de Sarrette, 30 juillet 1783). Il avait 39 ans en l'an III (*Arch. mun. Bergerac*, boîte R, liasse 10, tableau du 18 germinal an III).

POUGET (Joseph).

POUGET (Pierre) Ces deux Pouget signent une adresse de la Société, du 22 juin 1792.

POUMEAU fils. Admis le 24 février 1791. Isaac Poumeau fils était mesmérien. Un Poumeau sera taxé à 7.000 livres en l'an II (*Arch. mun. Bergerac*, G 2, reg. des taxes révolutionnaires).

POUVERAU, instituteur. Mentionné le 20 octobre 1793. Peut-être celui qui fut administrateur du district (*Vrch. dép. Dord.*, L 354, 12 nov. 1792).

POSTILLON (Joseph). Présenté le 4 mars 1791.

POUSSOU (Honoré). Mentionné le 15 mai 1790. Sans doute

Poussou aîné (mentionné le 20 décembre 1790), ou Poussou père (mentionné le 8 août 1793).

Poussou (L.). Signe une adresse de la Société, du 22 juin 1792. Un Poussou jeune avait été chargé du recouvrement de la capitation et des vingtièmes (*Arch. Bost.* 4 juillet 1778).

Pradine jeune. Prête serment le 25 octobre 1793.

Pradine fils (Jean). maçon. Prête serment le 27 octobre 1793.

Prévot (Jacques), menuisier. Mentionné le 27 octobre 1793.

Pugens. Mentionné en note de la séance du 31 décembre 1791 (voir notre édition des procès-verbaux).

Pugol. Signe une adresse de la Société à la Convention, en germinal an II. Peut-être est-ce le même qu'un des trois suivants. Un Bernard Pujol, de Bergerac. fut volontaire (De Cardenal, *o. c.*, p. 476).

Pugeol (J). Mentionné le 24 juin 1791. C'est sans doute le Pujol, cloutier, mentionné le 12 septembre 1793. Voir le compte de Jean Pujol, cloutier (*Arch. Bost*, 25 juillet 1793).

Pujol (Paul). Mentionné le 20 août 1793.

Pujol, ex-carme. Mentionné le 26 octobre 1793.

Pujol fils aîné (Louis). Signe une adresse de la Société, du 29 septembre 1792.

Puymartin père. Présenté le 13. Admis le 16 janvier 1791.

Puymartin fils. Signe une adresse de la Société, du 26 juillet 1791. Un Puymartin, officier dans un bataillon de fédérés, à Lille, est mentionné le 24 septembre 1793.

Quercy. Voir Tournié.

Raba (Jean), chapelier. Prête serment le 14 décembre 1793.

Rabier fils aîné. Admis le 8 février 1791.

Rabier jeune. Présenté le 14 juin 1791.

Rambaud, greffier au tribunal de district. Admis le 13 janvier 1791. Sans doute le Jean Rambaud, ancien procureur (*Arch. mun. Bergerac*, G 2, Reg. contributions patriotiques).

Rambaud jeune. Admis le 23 septembre, prête serment le 30 octobre 1793. Un Rambaud était coutelier (*Ibid..* G 2, liste des Bergeracois en 1790).

Rambaud (de Lanquais). Admis le 28 janvier 1791. Deux Rambaud et un L. Rambaud signent une adresse de la Société à la Convention, en frimaire an II.

Ramond d'Agout. Voir d'Agout.

Reclaud. Présenté le 7 janvier 1791. Reclaud fils signe une adresse de la Société, du 26 juillet 1791.

Reclus. Mentionné le 15 mai 1790. Sans doute Reclus aîné, mentionné le 6 décembre 1790.

Reclus cadet. Signe une adresse de la Société, du 26 juillet 1791. Il était éperonnier (*Ibid*).

Reclus jeune, coutelier. Présenté le 3 mars 1792. Un P. Reclus signe une adresse de la Société à la Convention, en frimaire an II.

Regnard, officier de dragons. Accepté par le Comité de présentation, le 23 messidor an II.

Repassein fils. Présenté le 22 octobre, prête serment le 13 frimaire an II.

Repassein père. Lui et Repassein fils signent une adresse de la Société à la Convention, en frimaire an II.

Repassin neveu. Signe une adresse de la Société, du 26 juillet 1791. Un Barthélemy Repassin fut volontaire (tambour) à l'âge de 14 ans (De Cardenal, *o. c.*, p. 477).

Rey fils. Signe une adresse de la Société à la Convention, en frimaire an II.

Rey, bonnetier, ci-devant dragon. Accepté. sous réserve, par le Comité de présentation, le 21 brumaire an III.

Raymond, chirurgien. Admis le 27 février 1791. Signe une adresse de la Société, du 29 septembre 1792.

Reynaud, ferblantier. Mentionné le 15 mai 1790. Est peut-être le Reynaud qui signe une adresse de la Société, du 29 septembre 1792, et qui fut officier municipal, puis membre du Comité révolutionnaire (*Arch. mun. Bergerac. Reg. délib. mun.*, 23 pluviôse an II).

Reynaud, beau-père du conventionnel Pellissier. Admis le 21 brumaire an III.

Riboulet.

Riboulet aîné. Ces deux Riboulet signent une adresse de la Société, du 29 septembre 1792. Un Riboulet, marchand, fut notable (*Ibid.* 25 novembre 1792). Un Riboulet était tonnelier (*Ibid.*, G 2, liste des Bergeracois en 1790), un autre, serrurier (*Ibid*).

Riboulet (du Marché) (citoyenne). Présentée le 13 juin 1793.

Rigaud (?). Signe une adresse de la Société, du 22 juin 1792. Un Jean Rigaud était tonnelier (*Ibid*).

Riverot, chef d'atelier à la manufacture d'armes. Accepté par le Comité de présentation, le 21 brumaire an III.

Rivière (de Saint-Georges). Admis le 18 juin 1791.

Robert, Suisse. Signe une adresse de la Société, du 26 juillet 1791.

Roche (Jean), cordier. Admis le 23 septembre 1793.

Rochefort. Signe une adresse de la Société, du 6 novembre 1791.

Rocher (?). Mentionné le 18 février 1791.

Rochon (Tonneins). Mentionné le 23 octobre 1793.

Rochon-Vormeselle. Voir Vormeselle.

Rolland (Honoré) ou Rolland jeune. Mentionné le 15 mai 1790. Sera officier municipal (*Arch. mun. Bergerac. Reg. délib. mun.*, 23 pluviôse an III) Il avait 32 ans en l'an III (*Ibid.*, boîte R, liasse 10, tableau du 18 germinal an III). Sur son divorce, voir notre *Lakanal*, p. 649.

Rolland (Antoine) ou Rolland aîné. Signe une adresse de la Société, du 26 décembre 1791. Les Rolland frères étaient épiciers. (*Arch. Bost*, compte du 31 nov. 1773).

Roly-Mestre, fils de Mestre (des Farcies). Admis le 18 janvier 1791.

Romagière (François). Mentionné le 8 octobre 1793.

Romagière fils. Présenté le même jour par son père.

Rooy jeune (Pierre), bonnetier. Prête serment le 27 octobre 1793.

Roque jeune. Signe une adresse de la Société, le 15 février 1793.

Rosier-Perrière. Admis le 8 mars 1791.

Rossignol. Mentionné le 12 octobre 1793.

Rouchon, droguiste. Admis le 18 juin 1791.

Rouchon (J.). Rouchon et J. Rouchon signent une adresse de la Société, du 5 nivôse an III.

Rouchouze. Signe une adresse de la Société, du 26 juillet 1791. Sans doute l'André Rouchoux, admis le 3 juillet 1791. André Rouchouze était marchand (*Arch. mun. Bergerac*, G 2, liste des Bergeracois en 1790).

Roucou fils (B). Signe une adresse de la Société, du 26 juillet 1791. Sera rayé le 15 août 1792 (*Arch. mun. Bergerac*, boîte U, liasse 46, n° 18, sa lettre à la Société, du 2 novembre 1792).

Rouquette aîné. Mentionné le 15 mai 1790. Notable (*Ibid.*, *Reg. délib mun.*, 3 mars 1790). Un Pierre Rouquette était perruquier (*Ibid.*, G 2, reg. contributions patriotiques).

Rousseille. Signe une adresse de la Société, du 14 septembre 1791.

Roussignol. Signe une adresse de la Société, du 15 février 1793.

Roussouvi (André). Prête serment le 8 juillet 1791.

Roux (Aimeri). Mentionné le 15 mai 1791.

Sainbris-Valeton. Admis le 13 janvier 1791. Mesmérien. Signe une adresse de la Société à la Convention, en germinal an II.

Sainbris fils. Prête serment le 2 décembre 1793.

Saindoux (de Verdun). Présenté le 13 septembre 1791.

Saint-Avit Admis le 11 mai 1791.

Sainte Croix. Voir Buisson-Sainte-Croix.

Saint-Eloi. Prête serment le 8 juillet 1791.

Saint-Félix (Gontier de). Mentionné le 23 mai 1791.

Sainte-Foi, boulanger. Signe une adresse de la Société, du 26 juillet 1791.

Saint-Georges-Thénac. Voir Thénac.

Saint-Marc (de Campsegret). Prête serment le 2 juillet 1791.

Saint-Martin. Mentionné le 12 mai 1791.

Saint-Martin, maître de forges. Admis le 30 juillet 1791. Un Saint-Martin était officier municipal (*Ibid.*, *Reg. délib. mun.*, 6 avril 1790).

Sans (Guillaume) Admis le 18 juin 1791.

Sargenton jeune. Signe une adresse de la Société, du 26 juillet 1791. Mesmérien.

Sarrette. Mentionné le 15 mai 1790. Bernard Sarrette était percepteur des contributions directes en 1792 (*Arch. Bost*); il sera notable (*Arch. mun. Bergerac*, *Reg. délib. mun.*, 25 nov. 1792); il aura 51 ans en l'an III (*Ibid.*, boîte R, liasse 10, tableau du 18 germinal an III).

Sautet. Signe une adresse de la Société, du 18 février 1791. Un Sautet était notable (*Arch. mun. Bergerac*, *Reg. délib mun.*, 3 mars 1790)). Un Sautet était aubergiste (*Ibid.*, G 2, liste des Bergeracois en 1790).

SAUVAGE. Mentionné le 22 mai 1791.

SEGONZA jeune (de Rouillac) (Pierre). Présenté le 4 juillet 1791.

SÉJOURNAS. Voir PONTERIE-SÉJOURNAS.

SÉLERIER. Mentionné le 27 juillet 1791.

SERRE (B^d). Mesmérien. Mentionné le 15 mai 1790.

SERRE jeune. Admis le 3 juillet 1791. Un David Serre était batelier (*Arch. Bost*, reçu du 11 avril 1774).

SERVENIER. Mentionné le 22 mai 1791.

SICAR. Mentionné dans sa lettre à la Société du 6 mai 1791.

SIEGAUD (?) (Jean). Signe une adresse de la Société du 15 février 1793.

SIMIAN jeune, dit BAMBOLLE. Admis le 13 octobre 1793.

SIMOUNET jeune. Mentionné le 15 mai 1790. Un Jean Simounet était cabaretier (*Arch. mun. Bergerac*, G 2, Reg. contributions patriotiques).

SIMOUNET, notaire. Admis le 16 janvier 1791. Un Simounet, avoué, fut officier municipal (*Arch. mun. Bergerac, Reg. délib. mun.*, 25 nov. 1792).

SIMOUNET, ci-devant procureur. Admis le 3 mars 1791.

SIMOUNET. Présenté après le 8 mars 1791. Simounet notaire, Simounet jeune et Simounet aîné signent une adresse de la Société, du 22 juin 1792.

SIRE. Présenté le 6 décembre 1790.

SOUNALET. Mentionné le 15 mai 1790.

SOUNALET (Jacques). Présenté le 15, prête serment le 20 frimaire an II. Maçon (*Arch. mun. Bergerac*, G 2, liste des Bergeracois en 1790).

TAMARELLE. Signe une adresse de la Société, du 26 septembre 1791. Un Tamarelle était cordonnier (*Ibid.*).

TAMARELLE. Un Tamarelle jeune et un Tamarelle aîné signent une adresse du 15 février 1793.

TANCHON. Admis le 13 janvier 1791.

TAUREL. Mentionné le 21 novembre 1793. Un Joseph Taurel fut commis à l'entrepôt de tabac, notable et assesseur du juge de paix (*Arch. mun. Bergerac*, boîte R, liasse 10, sa réponse, en brumaire an III, au questionnaire de Pellissier). Officier municipal en l'an III, il avait 44 ans (*Ibid.*, boîte R, liasse 10, tableau du 18 germinal an III).

TAUZÈLY. Signe une adresse de la Société, du 22 juin 1792.

TEIXANDIER (du Bourg), sellier. Accepté par le Comité de présentation, le 5 thermidor an II.

TERME, officier de gendarmerie, électeur. Admis le 23 mai 1791.

TERRIBLE (J.) Signe une adresse de la Société, du 26 juillet 1791. Joseph Terrible était tonnelier (*Arch. mun. Bergerac*, G 2 reg. contributions patriotiques).

TEXANDIER

TEXANDIER (M.).

TEXANDIER (M.). Ces trois Texandier signent une adresse de

la Société, du 29 septembre 1792. Un Texandier, lieutenant de la garde nationale, est mentionné le 15 mai 1790. Un Texandier était notable (*Arch. mun Bergerac, Reg. délib. mun.*, 3 mars 1790). Un Texandier était chapelier (*Arch. Bost*, compte du 7 septembre 1792).

TEYSSANDIER (Reymond). Mentionné le 8 octobre 1793. Un Teyssandier était chapelier (*Ibid.*, G 2, liste des Bergeracois en 1790).

TEYSSANDIER fils. Présenté par son père, le même jour.

TEYSSANDIER (citoyenne Marie). Présentée le 15 juin 1793.

TEYSIÉ (P.). Signe une adresse de la Société, du 29 septembre 1792.

THELIN. Signe une adresse de la Société à la Convention, en frimaire an II.

THÉNAC aîné. Admis le 1er mars 1791. Peut-être le même que Saint-Georges-Thénac, mentionné le 19 février 1792. Un Thénac était cordonnier (*Ibid*).

THÉNAC cadet. Admis le 3 mars 1791.

THENURE cadet Présenté le 2 nivôse an II.

THOMAS, élève de Bourson. Admis le 3 octobre 1793.

THOMASSON, grenadier. Mentionné le 6 octobre 1793.

TILHET aîné.

TILHET. Ces deux Tilhet signent une adresse de la Société, du 29 septembre 1792. L'un d'eux est sans doute François Tilhet, qui signe une adresse de la Société, le 25 octobre 1793. François Tilhet était cordonnier (*Ibid.*).

TILHET fils. Présenté par son père, le 8 octobre 1793.

TIOLIER, graveur à la Monnaie de Paris. Accepté par le Comité de présentation, le 10 brumaire an III.

TOURNIÉ, dit QUERCY. Mentionné le 15 mai 1790. Menuisier (*Ibid.*, G 2, liste des Bergeracois en 1790).

TROÏS (Jean) dit LAROZE (de Montauban). Prête serment le 10 décembre 1793.

TROQUERAU, dit PARIS (Guillaume). Mentionné le 15 mai 1790. Il était marchand (*Arch. mun. Bergerac*, G 2, *Reg.* contributions patriotiques).

VACHER (L.). Signe une adresse de la Société, du 26 juillet 1791.

VALADE (Pierre). Admis le 3 mars 1791.

VALETON fils (de Mouleydier). Admis le 22 février 1791.

VALETON-SAINBRIS. Voir SAINBRIS-VALETON.

VALETTE (Jean), menuisier. Admis le 16 décembre 1793.

VALLETON de BOISSIÈRE. Voir BOISSIÈRE.

VALLETON. Présenté le 29 frimaire an II.

[VALLETON père, présenté le 21, fut ajourné le 25 janvier 1791.]

VALLOMBREUSE ou HEAULME-VALLOMBREUSE, père. Commissaire des classes de la marine.

VALLOMBREUSE fils. Père et fils admis le 6 juillet 1791.

VANETON fils aîné. Signe une adresse de la Société, du 22 juin 1792.

VARFAILLON (Michaud ou Michel), tonnelier. Admis le 13 janvier 1791.

Vassal (de Lamonzie). Admis le 9 juillet 1791. Est peut-être le ci-devant chevalier Vassal, qui sera rayé le 19 septembre 1791.

Vasseur. Mentionné le 29 novembre 1790. Signe une adresse de la Société, du 26 septembre 1791. Est peut-être le Levasseur, mentionné le 28 décembre 1790. Un Levasseur était commis de l'ingénieur (*Arch. mun. Bergerac*, G 2, liste des Bergeracois en 1790).

Venencie fils. Admis le 10 décembre 1790.

Venencie père. Mentionné le 27 janvier 1791. Un Venencie était cordier (*Ibid.*). Un Jean Venencie, de Bergerac, fut volontaire (De Cardenal, o. c., p. 512).

Venencie fils, du contrôle. Admis le 3 mars 1791.

Véranier, vicaire de la Mission. Admis le 2 mars 1793.

Véray (J.). Signe une adresse de la Société à la Convention, en germinal an II. Jean Véray était épinglier (*Arch. mun. Bergerac*, G 2, Reg. contributions patriotiques).

Vergniol, juge au tribunal de district. Admis le 11 janvier 1791. André Vergniol avait été conseiller au sénéchal (*Arch. mun. Bergerac*, G 2, Reg. contributions patriotiques).

Vergnol-Caussade. Admis le 16 janvier 1791.

Vergnol. Admis le 17 décembre 1793.

Verniolle (Antoine) (de Villac). Admis le 18 juin 1791.

Veyri, coutelier. Présenté le 14, prête serment le 17 décembre 1793.

Veyry, marchand. Signe une adresse de la Société, du 26 septembre 1791.

Veyry, chapelier, frère du précédent. Admis le 14 décembre 1791.

Veyrine (Pierre), chapelier. Mentionné le 15 mai 1790.

Veyrine, tanneur. Mentionné le 6 octobre 1793. Veyrine et P. Veyrine signent une adresse de la Société, du 29 septembre 1792. Un Jean Veyrines fut volontaire (De Cardenal o. c., p. 478).

Veyrine (citoyenne). Présentée par son mari, le 13 juin 1793.

Vidal, receveur de l'enregistrement. Admis le 16 décembre 1793. Peut-être le même que Vidal, contrôleur, présenté le 22, mais ajourné le 25 janvier 1791. Un Raymond-Mathieu Vidal avait été receveur des domaines du roi (*Arch. mun. Bergerac*, G 2, Reg. contributions patriotiques).

Videau (Jean), maître de bateau. Admis le 4 mai 1793.

Vie (Jean), fils aîné. Admis le 21 juin 1791.

Vié (du Marché). Admis le 8 mars 1791. Peut-être Pierre Vié, boucher (*Arch. mun., Bergerac*, G 2, Reg. contributions patriotiques).

Viette. Écrit à ses frères de la Société, le 27 prairial an II.

[Viger, négociant, fut présenté le 22, mais ajourné le 25 janvier 1791.]

Viger, maréchal-ferrant. Présenté le 22 octobre 1793. Un Viger fut officier municipal, puis membre du Comité révolutionnaire (*Arch. mun. Bergerac, Reg. délib. mun.*, 23 pluviôse an II).

Vigier.

Vigier (P.). Ces deux Vigier sont mentionnés le 15 mai 1790. Un Pierre Vigier, de Bergerac, fut volontaire (De Cardenal, *o. c.*, p. 516).

Vigier (Jules). Mentionné le 11 mai 1791.

Vigier aîné, cordonnier. Admis le 14 mai 1791.

Vigié. Prête serment le 1ᵉʳ décembre 1793. Vigier jeune, menuisier, signe une adresse de la Société, du 26 juillet 1791. Jacques Vigier signe une adresse de la Société, du 29 septembre 1792. Un Vigier (de Malbec) fut notable (*Arch. mun. Bergerac, Reg. délib. mun.*, 25 nov. 1792).

Vignal (de Malveyren). Mentionné le 23 janvier 1792.

Vignial (du Bourg) Admis le 22 février 1791.

Villars, perruquier. Accepté par le Comité de présentation, le 10 brumaire an III.

Villate.

Villate. Ces deux Villate signent une adresse de la Société, du 29 septembre 1792.

Villatte, maçon. Admis le 12 décembre 1793.

Villate-Lafontène. (J.). Signe le registre du Comité de présentation, le 5 thermidor an II. Chaudronnier (*Ibid.*, G 2, liste des Bergeracois en 1790).

Villepontoux, médecin. Admis le 18 janvier 1791. Mesmérien. Elu maire de Bergerac, le 21 juin 1791 (*Ibid.*, *Reg. délib. mun.*, à cette date).

Villeregnié. Mentionné le 21 juin 1791.

Vormeselle (François Rochon·). Mentionné le 14 juin 1791. Mesmérien et franc-maçon.

[Vormeselle père fut présenté le 2, mais ajourné le 6 juillet 1791.]

Cette liste, déjà longue (quoique assurément incomplète), appelle des commentaires On les trouvera dans l'introduction de l'ouvrage que nous publierons prochainement sur la Société populaire de Bergerac pendant la Révolution.

Henri LABROUE.